乌合之众

大众心理研究

［法］古斯塔夫·勒庞／著
何正云／译

江苏凤凰科学技术出版社·南京

图书在版编目（CIP）数据

乌合之众　大众心理研究 /（法）古斯塔夫·勒庞著；何正云译 .—南京：江苏凤凰科学技术出版社，2019.2（2023.9 重印）

ISBN 978-7-5537-9819-6

Ⅰ．①乌… Ⅱ．①古… ②何… Ⅲ．①群体心理学－研究 Ⅳ．① C912.64

中国版本图书馆 CIP 数据核字 (2018) 第 266874 号

乌合之众　大众心理研究

著　　者	[法]古斯塔夫·勒庞
译　　者	何正云
责任编辑	陈　艺
责任监制	方　晨
出版发行	江苏凤凰科学技术出版社
出版社地址	南京市湖南路 1 号 A 楼，邮编：210009
出版社网址	http://www.pspress.cn
印　　刷	天津丰富彩艺印刷有限公司
开　　本	880 mm × 1 230 mm　1/32
印　　张	7.5
字　　数	204 000
版　　次	2019年2月第1版
印　　次	2023年9月第6次印刷
标准书号	ISBN 978-7-5537-9819-6
定　　价	38.00元

序 言

作为历史上最具影响力的社会心理学著作之一的《乌合之众》一书，通过对大众行为进行详细分析，在这个研究领域产生了很深远的影响。本书的深远影响力不仅体现在弗洛伊德的身上，还体现在所谓的“群体控制大师”的身上，这二者都可能是把本书的成果作为他们煽动大众热情的指南。用作者自己的话说：“群体从不渴望真理……谁能向他们提供幻想，谁就能轻易统治他们；谁摧毁他们的幻想，他们就毁灭谁。”

本书的很大篇幅都是关于群体心理学的，在群体信念对历史进程的影响方面，也具有一定的指导意义。本书所讨论的话题主要是群体的一般性特征和思想的一致性；群体的情感和道德观；群体的思想、理性和想象力；群体的意见和信念，以及领袖说服群体的方式；群体的分类，包括犯罪和选举的群体以及刑事陪审团和议会。

《乌合之众》是学习历史学、社会学、法律学和心理学的必读之书，对于政治家、投资人、市场经理也具有难以估量的价值。“……对群体行为、大众心理等领域的研究，从古斯塔夫·勒庞的著作入手都会取得事半功倍的效果。”普林斯顿大学历史学教授安森·拉宾巴赫（Anson Rabinbach）如是说。

本书参照美国多佛出版社2002年版本译出，该版本是1895年首次在法国出版的*La Psychologie Des Foules*未经删节的标准英文译本。因此，为了更好地阅读和理解这部作品，不可避免地要谈到当时的历史背景。必须说明的是，这部作品首次出版于1895年，当时勒庞笔下的“社会主义”我们今天叫做“空想社会主义”，它虽是现代社会主义的思想来源之一，但是无论在理论还是实践上，两者都是完全不同的。

勒庞亲眼见识过空想社会主义的实践——巴黎公社革命中的许多暴行，这个事件成为他研究群体心理的样本之一。他看到群众为了一个“幻觉”而奋不顾身，这是因为空想社会主义缺乏实践性，只能给群众一个充满激情的“空想”。同样，勒庞笔下的空想社会主义带来的“暴政”也与现代社会主义毫无关系。

除此之外，原书中也存在一些种族和性别歧视的内容。勒庞用自然科学方法的研究为种族差距、性别差距找根据。他在本书第二章在说到群体群聚状态的不同仅仅只有种族的影响，这种对种族分野的认识是一个较为随意性的判断，对比我们今天从科学实验得出的结论是没有或缺乏论证的。

勒庞的性别歧视又是与种族歧视相互混杂的。比如他把妇女、儿童和所谓的“野蛮人”视为“低级进化的生命体”，把情绪化视为女性特征。根据这一观点，他把较为情绪化的“拉丁人”归为女性气质，而把较为理性的盎格鲁—撒克逊人归为男性气质。

在勒庞的这部作品当中，他所使用的种族、民族、人民（peoples）等概念跟今天的概念是有很大区别的。作为一本研究群体心理的书，这既是勒庞的开创性之处，也是局限性之处，虽然这所有的局限都不能掩盖勒庞洞见的光芒，但是回到具体历史背景下去批判性地阅读这本书，也是十分必要的。

前　言

以下将对群体特征进行简单的研究。

遗传赋予一个种族中的每个个体以某些共同的特征，这些特征整合在一起就构成了这个种族的气质。然而，当一定数量的个体为了某种行动的目的而聚集成一个群体时，仅仅通过他们聚在一起的这个事实，我们便可以观察到他们会产生出某些新的心理特征，这些特征是种族特征的补充，而且有时候与种族特征并不一致。

在各民族的现实生活中，有组织的群体历来都起着重要的作用，但这种作用的重要性从来没有达到像现在这样的高度。群体的无意识行为取代了个体的有意识行为，是目前这个时代的主要特征之一。

我一直以纯科学的方式对群体所引起的疑难问题进行考察——也就是说，我努力在研究方法上取得进展，确保不受各种意见、理论和教条的影响。我相信，这是唯一能够发现真理的方式，尤其是在涉及一个争议很大的问题的时候，而本书的研究课题恰恰是这样的情况。致力澄清某种现象的具有科学精神的人，他是不会计较自己的澄清工作是否会伤害到别人的利益的。杰出的思想家高布雷·德·阿尔维耶拉（Goblet d' Alviela）先生在最近的一本著作中说，不属于任何当代学派的他，会不时发现自己站在所有这些派别的各种结论的对立面。我希望这部新著也能够获得类似的殊荣。要属于某个学派，就会相信它的偏见和先入为主的意见。

不过我还是要向读者解释一下，为什么他会发现我从自己的研究中得出一些他乍一看无法认同的结论。例如，为什么在指出了群体极端低劣的精神结构之后——包括那些精英团体在内——我还是断言，尽管具有如此的低劣性，但是要干涉他们的组织还是很危险的。

其原因在于，通过对历史事实最谨慎的研究，无一例外地让我发现，社会组织就像一切生命有机体一样复杂，我们绝对不具备迫使他们发生一次突如其来的深刻变革的力量。现实社会有时会依靠一些激烈的手段，但是却从来不按照我们的方式行事，这就解释了为什么说对一个民族最致命的莫过于重大变革的狂潮，无论这些变革从理论上说有多么出色。如果这些变革能够改变民族的特质，才能说它是有用的。然而，这样的力量只有时间才拥有。左右人们的是各种思想、感情和习惯——这是我们的本性使然。各种制度和法律是我们性格的外在表现，是它的需要的表述。作为它的产物，制度和法律是不能改变这种性格的。

研究社会现象，不能脱离对产生这些现象的民族的研究。从哲学观点看，这些现象可能具有绝对价值；在实践中，它们则只有相对价值。

因此，在研究一种社会现象时，有必要从两个不同的方面加以考虑。这样就会看到纯理性的学说经常与实践理性的学说截然相反。这种差异几乎适用于任何情况，甚至自然规律亦然。从绝对真理的观点看，一个立方体或一个圆，都是不可改变的几何形状，这一点已经由某个公式做了严格的定义。然而从印象的角度看，这些几何图形在我们眼里却会表现出十分不同的形状。通过透视，立方体可以变成锥形或方形，圆可以变成椭圆或直线。另外，考虑这些虚构的形状，远比考虑它们的真实形状更重要，因为能够用照相或绘画加以再现的正是它们，而且我们能够看到的也只有它们。在某些情况下，不真实的东西比真实的东西包含着更多的真理。按照事物准确的几何形状来呈现它们，有可能是在歪曲自然，使它变得无法辨认。如果我们想象有这么一个世界，那里的居民只能复制或翻拍物体，却无法触碰它们，那么这些人要想对这些物体的形态形成正确的看法是很困难的。进一步说，这种形态的知识如果只有少数有学问的人才能获取，那它也就没有多少意义了。

研究社会现象的哲学家应当时刻牢记，这些现象除了有理论价值外，还有实践价值，而且，只要人们还关心文明的演化，那就只有后一种价值才是有意义的。认识到这个事实，在面对逻辑以先入为主的结论强加于他的时候，他就会采取非常谨慎的态度。

还有其他的动机也会使他采取类似的谨慎态度。社会事实如此复杂，根本不可能全盘掌握或预见到它们相互影响的后果。在可见的事实背后，有时也似乎还隐藏着数以千计看不见的原因。可见的社会现象可能是某种巨大的无意识机制的结果，而这一机制通常超出了我们的分析范围。能够感觉到的现象可以比作波浪，它是海洋深处我们一无所知的湍流的表象。如果考虑到大部分的行为，群体表现出了一种奇怪的低劣心智。然而也有这样一些行为，在其间他们好像又受到某种神秘力量的引导，古人把这种力量称为命运、自然或天意，我们称之为幽灵之音，而且，它的力量不可能被忽视，尽管我们不理会它的本质。有时候，各个民族的内心深处仿佛有一种神秘的力量，这是一种在引领着他们的力量。例如，还有什么东西能比语言更复杂、更有逻辑、更神奇的呢？然而，这个令人赞叹的井井有条的产物，除了作为来自群体无意识的禀赋之外，还能来自何方？最博学的学者、最有威望的语法学家，所能做到的也不过是记录下支配着语言的那些规律，他们绝不可能创造出这些规律。甚至伟人的思想，我们敢断言那完全是他们头脑的产物吗？毫无疑问，这些思想是由独立的头脑创造出来的，然而，难道不是群体的禀赋提供了千百万颗沙粒，形成它们赖以生长的土壤吗？

群体无疑总是无意识的，但是这种无意识或许正是他们力量的秘密之一。在自然界，完全受本能支配的生物所完成的那些动作，其神奇的复杂性令我们叹为观止。理性是最近时代的人类才有的一种属性，而且尚未完美到能够向我们揭示无意识的规律的地步，它要想站稳脚跟，仍然还需要很多的磨炼。无意识在我们的所有行为中起到了巨大的作用，而理性的作用很小。无意识以一种仍然不为人知的力量在发挥着作用。

因而，如果我们打算待在一个狭小而安全的，可以用科学获取知识的界限之内，不想漫步于模糊的猜测与无用的假设的领域，那么，我们所有必须做的事情就是留心这些能够接触到的现象，把我们自己限制在思考它们的范围内。从这些研究中得出的每个结论肯定像一般的规律一样，都是不成熟的，因为在这些我们能够明确观察到的现象背后，另外有一些我们只能隐约看到的其他现象，还有一些我们根本就看不到的现象。

目录
Contents

177 第三卷

不同群体类型的划分及描述

导 言
群体的时代

提要

当今时代的演变——文明的伟大变革是民族思想变化的结果——现代人对群体力量的观念——群众的声音改变了欧洲各国的传统政策——民众的崛起是如何发生的，以及他们发挥力量的方式——群体力量的必然后果——除了破坏，群体起不到别的作用——衰老的文明解体是群体作用的结果——对群体心理学的普遍忽视——立法者和政治家研究群体的重要性。

发生在文明变革之前的大动荡，比如像罗马帝国的衰亡和阿拉伯帝国的建立，乍看上去，似乎主要是由政治变革、外敌入侵或王朝倾覆决定的。但是，对这些事件做些更为细致的研究之后就会发现，在它们表面原因的背后，普遍可以看到的真实原因是人民的思想发生了深刻的变化。真正的历史性动荡，并不是那些因恢宏和惨烈而令我们触目惊心的事件。因而，变革文明所带来的重要变化，就是影响到思想、观念和信仰的变化。令人难忘的历史事件只是人类思想无形的变化造成的有形后果而已。这些重大事件之所以如此罕见，是因为在一个种族中，没有什么东西能比世代相传的思维结构更加稳固。

当今的时代便是人类思想正在经历转型的关键时期之一。

构成这一转型基础的基本因素有两个。首先是宗教、政治和社会信仰的毁灭，而这些正是我们文明的所有要素赖以生根发芽的土壤。其次是现代科学和工业的各种新发现，这些发现创造了一种全新的生存和思想的条件。

过去的观念虽然已经残缺不全，却依然有着十分强大的力量，能够取代它们的各种观念仍处在形成的过程之中，因此现在这个时代是一个群龙无首的过渡时期。

这个必然有些混乱的时期最终会演变成什么样，现在还难下断论。在我们之后出现的各种社会将会建立在什么样的思想基础之上？我们目前一无所知。然而，已经十分清楚的一点是，不管未来的社会是根据什么路线组织，它都必须考虑到一股新的力量，一股最终幸存下来的现代统治势力，即群体的力量。在以往认为理所当然，而如今已经衰落或正在衰落的众多观念的废墟之上，在前赴后继的革命摧毁的众多权势资源的废墟之上，这股从其中生长出来的唯一力量，似乎注定很快就会与其他力量结合在一起。当我们悠久的信仰摇摇欲坠、行将消亡的时候，当社会的古老柱石一根又一根倾倒的时候，群体势力便成为唯一无可匹敌的力量，而且它的声势还会不断壮大。我们就要进入的时代，的的确确将是一个“群体的时代”。

差不多就在一个世纪之前，欧洲各国的传统政策以及君主之间的对抗，是引发各种事端的主要因素。群众的意见基本起不到多少作用，或者根本不起任何作用。如今，不再起作用的却是过去在政治生活中建立的各种传统、统治者的个人倾向及其相互间的尔虞我诈了。相反，群众的声音已经取得了优势。正是这个声音表明了群众的举动，使君主们必须注意群众的意见。国家的命运现在由群众规划，君主们的国务会议已经是明日黄花了。

群众的各个阶层全面参与到政治生活中——也就是说，他们在实质上已强势地转型成为统治阶级——成为我们这个过渡时期最引人瞩目的特征之一。普选权已经实行了很长的时间，但是几乎没有什么影响，也没有能如人们所愿，成为这次政治权力转移过程的显著特征。群众势力的不断壮大，首先是由于某些思想的传播，这些思想慢慢地在人们的头脑中生根发芽，紧接着，个人逐渐结为社团，致力实现一些理论性的观念。正是通过结社，群众获得了一些同他们的利益相关的观念，这些利益就算并不十分正当，但是界定得非常明确，并最终让他们意识到了自己的力量。群众现在成立了各种社团，让一个又一个的政府当局纷纷在它面前缴械投降。他们还成立了工会，置一切经济规律于不顾，试图决定劳动和工资。他们来到支配着政府的议会，议员们完全没有主动性和独立性，最大限度地沦落成为那些选出他们的委员会的代言人。

今天，群众的诉求正在变得越来越明确，完全就是要把当前的社会彻底打破，退回到原始社会的状态，而这种状态一度是人类文明的曙光出现之前全人类共有的常态。限制劳动时间，矿山、铁路、工厂和土地国有化，平均分配全部产品，为了广大群众的利益消灭上层阶级等，都是这些要求的具体内容。

群体基本没有理性，却急于采取行动。由于他们目前的组织方式，他们的力量已经十分巨大。在我们见证下诞生的那些信条很快也将会具有过去那些信条的威力，也就是说，这些独断专行的力量将不容许任何讨论。群众的神权即将取代国王的神权。

那些深受我们中产阶级爱戴的作家，最好地体现着这种阶级十分狭隘的思想、一成不变的观点、非常肤浅的怀疑主义以及表现得有些过分的自私，他们因为看到这种新势力的不断壮大而惊慌失措。为了与人们混乱的头脑做斗争，他们向过去不屑一顾的教会中的道德势力发出了绝望的呼吁。他们向我们论述科学的破产，要在虔诚的忏悔中回归罗马教廷，并提醒我们不要忘了那些已经揭示了真理的教诲。令这些新的皈依者没想到的是，现在为时已晚。就算他们真的被神祇打动，此类举动对群众已经产生不了任何影响了，因为他们对那些最近的宗教皈依者高度关注的事情漠不关心。群众今天否定了他们的劝说者昨天早已经否定了的诸神，并且在捣毁诸神的过程中乐于奉献力量。无论在神界还是在人间，根本就不存在那种能够迫使河水倒流回到它的源头的力量。

科学从来就没有破产，而且不会陷入目前精神上的这种混乱状态，从这种混乱状态中产生的新势力，也并非由它造成的。科学承诺给我们的是真理，或者至少是我们的智力能够把握的有关各种关系的知识体系，它从来没有承诺过我们和平和幸福。它对我们的感情无动于衷，对我们的哀怨充耳不闻。与科学生活在一起是我们的无奈之举，因为没有任何力量能够恢复被它摧毁的那些幻觉。

所有国家普遍都存在的各种迹象，让我们看到了群体势力的迅速壮大，它对我们以为它注定过不了多久就会停止增长的这种一厢情愿的想法也毫不理会。无论它会带给我们什么样的命运，我们都只能选择接受。所有的据理力争，都只能是徒劳无益的纸上谈兵。群体势力的出现很可能标志着西方文明的最后一个阶段的到来，社会完全倒退到迷茫的无政府时期，而这似乎是每一个新社会诞生的必然前奏。那么，这样的结果能够避免吗？

迄今为止，彻底摧毁一种腐朽的文明，一直以来就是群众最明确的任务。这种情况当然不是今天才有迹可循。历史告诉我们，从文明赖以建立的道德因素失去威力的那一刻起，它最终的解体总是由那些无意识的残暴群体完成的，这些群体被恰如其分地称为野蛮人。迄今为止，创造并指导着文明的，一直就是一小群知识贵族，从来就不是各种群体。群体的力量只是表现在破坏性上，他们的规律总是退回到野蛮的时代。有着复杂的规章制度、从本能跨入能够做出长远规划的理性状态的文明，属于高度发达的文明。所有这一切都是群体仅靠他们自身的力量不可能实现的。由于群体力量纯粹的破坏性，使他们的作用就像那些微生物，只是加速了苟延残喘者的死亡以及尸体的解体。当文明的结构开始腐烂的时候，使它倾覆的总是群体。只有在这样一个关头，他们的主要使命才会显现出来，而且也只有在这样的关头，人多势众的原则似乎成了唯一的历史法则。

我们的文明也要面临同样的命运吗？我们有理由担心这种情况的出现，但是我们还没有办法确定它就会出现。

不管是哪一种情况，我们都注定要屈从于群体的势力，因为缺乏深谋远虑的群体已经相继扫清了所有可能让他们循规蹈矩的障碍。

对于这些开始成为众多讨论中的热门话题的群体，我们了解得很少。专业的心理学研究者远离他们的生活，总是会忽略他们的存在，而且，当心理学家们把注意力转向这个方向的时候——比如像最近的情况——认为能够研究的只有犯罪群体。犯罪群体无疑是存在的，但我们也会遇到高尚的而且英勇忘我的群体，以及其他各种类型的群体。群体犯罪只是群体心理的一种特殊表现。群体的精神结构不能仅仅通过研究群体犯罪来了解，这就像不能通过描述个体犯罪来了解个体一样。

然而，从事实的角度看，世上所有的伟人、宗教和帝国的创建者、各种信仰的使徒、杰出的政治家，以及在一个更为世俗的世界里的一些小群体的头目，他们全都是不自觉的心理学家，他们对群体特征拥有一种本能的认识，而且这种认识往往十分准确，正是因为对这种特征有着如此精确的了解，才使他们能够轻而易举地确立自己的领袖地位。拿破仑对他所治理的国家的群体心理有着非凡的洞察力，但有时他又完全误解了那些属于其他民族的群体心理。[①] 正是因为在这方面出现的误解，使他在西班牙的努力，以及众所周知的在俄罗斯的努力，陷入了剧烈的冲突之中，这些冲突使他的力量遭受了致命的打击，注定在短短的时间内就被毁灭。对群体心理的认识是今天的那些不想再统治他们——统治他们正在变成一个十分麻烦的问题——但是希望能够尽可能不过分受制于他们的政治家的最后一根稻草。

① 他那些最为聪明的顾问也没有能更好地理解这种心理。塔列朗（Talleyrand）写给他的信中说："西班牙人会把他的士兵当成是解放者。"但是西班牙人却把他们当成是野兽。熟悉西班牙人民族遗传本能的心理学家应该很容易预见到这样的情况。

只有对群体心理有一定深度的认识，才能理解法律和制度对他们的作用是多么微不足道，才能理解为什么除了别人强加于他们的那些意见之外，他们在坚持自己的意见方面是多么软弱，也才能明白对他们的领导并不是建立在纯粹平等理论上的原则，而是通过寻找那些能让他们动心的事情以及能够诱惑他们的东西。譬如说，一个希望实行新税制的立法者，应当选择理论上最公正的方式吗？根本不会。在现实中，最不公正的或许对群众来说才是最好的。只有既不十分清楚易懂又显得负担最小的办法，才是最易于被人们所容忍的。就是出于这个原因，间接税不管多高，总是能够被群众接受，因为每天为日常消费品支付一点不起眼的税金，不会干扰群众的习惯，从而可以在不知不觉中进行。用工资或其他一切收入的比例税制代替这种办法，即一次性付出一大笔钱，就算这种税制在理论上比别的办法带来的负担小十分之九，仍会引起无数的抗议。这种情况来自这样的事实：一笔数目相对较高从而显得数量很大并刺激了人们想象力的钱，被已经无关痛痒的零星税金代替了。新税只有在一点一滴少量扣除的情况下才会让人觉得并不重，但是这种经济手段牵涉到了一种很高深的深谋远虑，群体并不具备这样的能力。

上面的例子是最简单的。它的贴切很容易理解。它逃不过像拿破仑这样的心理学家的注意，但是对群体特征一无所知的现代立法者则根本没有理解它的能力。经验至今还没有彻底让他们知道，人们从来不会按纯粹理性的教导来规范自己的行为。

群体心理学还可以有许多其他方面的实际用途。掌握了这门科学，就会对大量的历史和经济现象能够有最正确的解释，而离开了这门学问，这些现象就会变得完全不可思议。我将会有例子说明，现代史学家中最杰出的泰纳（Taine），很多时候对法国大革命中的事件的理解非常不全面，因为他从来就没有想过研究一下群体的特征。在对这个极为复杂时代的研究过程中，他采用了自然科学家所依赖的那种描述方法作为自己的指南，但是，自然科学家所研究的现象中几乎不存在道德力量。然而，构成了历史真正脉络的正是这些力量。

因此，仅从实践的角度看，群体心理学的研究就很值得去尝试。就算这种兴趣完全只是出于好奇，也仍然是值得关注的。破解人们的行为动机，与确定某种矿物或植物的特性一样有趣。我们对群体特征的研究只能算是一种简单的概括，是对我们所做调查的一个简单的总结。除了一点建议性的观点外，对它不必有太多的奢求。其他人会把这个基石打造得更加牢固。今天，我们不过是刚刚触及一块几乎还没有被开垦的处女地的表层而已。

第一卷
群体心理

第一章

群体的一般性特征

提要

从心理学的角度看群体的组成——数量庞大的个体聚集到一起，不足以形成一个群体——心理学意义上的群体所具有的特征——个体组成群体后，思想和情感全都朝一个固定方向转变，他们的个性也将消失——群体总是被无意识的想法所左右——大脑活动的消失和脊髓活动的主导地位——心智的下降和情感的完全变化——变化后的情感会比群体中个体的情感更好或更坏——群体的英雄行为与犯罪行为同样司空见惯。

在通常意义上，“群体”是指很多个体聚集在一起，不论民族、职业、性别，也不论是什么原因让他们走到了一起。从心理学的角度看，“群体”这个表述却有着很不一般的含义。在某种特定的条件下，并且只有在那种条件下，一群人的聚集呈现出了与组成这个群体的个体差别很大的新的特征。在这个群体里，所有人的情感和思想都朝向同一个方向，而他们的自觉的个性消失了。群体心理的形成毫无疑问只是昙花一现，却呈现出了非常明确的特征。这群人成为我所谓的有组织群体，或者更准确一点，叫心理学意义上的群体——这是我能够想到的最好的表述。它形成一个单独的存在，而且遵守“群体精神一致性定律”。

很显然，并不是靠几个个体发现他们彼此碰巧走到一起这样一个简单事实，就能够让他们具有一个有组织群体的特征。数以千计的个体在一个公共场所碰巧聚在一起，但是没有任何明确的目标，这种情况从心理学的角度说根本就不构成一个群体。要获得群体特征，某些诱变因素的影响是不可或缺的，而我们必须要确定这些因素的性质。

自觉的个性的消失，以及将情感和思想转向一个确定的方向，是一个群体变得有组织的最初特征，这种情况并不总需要很多个体同时出现在一个地方。数以千计的互不相干的个体也会在某些时间点上，以及在某些强烈的情感中——比如一个全国性事件——获得心理学群体的特征。在这种情况下，一个小小的机会就足以让他们走到一起，马上以群体特有的行为特征展开他们的行动。在某些时候，几个个体就会形成一个心理学群体，而在偶然聚集的情况下，几百人也不会出现这种现象。从另外一个方面说，整个民族尽管没有实际的聚集，也会在某些影响下成为一个群体。

心理学意义上的群体一旦形成，他就获得了某些临时性的但是可以确定的普遍特征。在这些普遍特征之外，还存在很多与之相辅相成的特殊特征，这些特征由于群体组成要素的差异而各有不同，并且会影响到群体的精神结构。因此，心理学群体的分类比较容易。当我们正视这个问题的时候就会看到，一个异质性群体——也就是由不同要素组成的群体——会呈现出某些与同质性群体——也就是由基本类似的要素（派别、阶层、等级）组成的群体——共同的特征，除此之外，它们还附带着一些共同特征之外的特殊特征，从而能让这两种群体区别开来。

但是，在对群体的不同类别进行深入研究之前，我们必须先研究他们共有的那些特征。我们应该像自然学家一样开始工作，他们总是从描述一个族系所有成员的普遍特征入手，随后才会专注于那些能够区分这个族系所有成员的具体特征。

精确描述群体的心理不是一件易事，因为组织结构的差异不但来自种族和构成方式，而且也来自激发群体的那些因素的性质和强度。然而，同样的困难也会出现在对个体的心理研究之中。只有在小说中，一个人才会以一成不变的性格走完整个人生。只有环境的单一性，才会导致性格表面上的单一性。我曾经在另外的著作中证明了所有的精神结构中都包含有各种性格的可能性，这些可能性会在环境的忽然改变后显现出来。这就解释了法国国民公会中最残暴的成员为什么会是过去那些遵纪守法的公民，他们在正常的情况下，会是平和的公证人员或者品德颇受称道的地方官员。风暴过去之后，他们又恢复了正常的性格，成为安静、守法的公民。拿破仑从他们当中挑选到了最驯服的扈从。

这里不可能对各种组织发展程度不同的群体都进行研究，我们只专注于那些已经达到完全组织化阶段的群体。这样我们就会看到群体会变成什么样，而不再是他们一成不变的样子。只有在这个发达的组织化阶段，某些新的特征才会被叠加在种族亘古不变的主流特征上，随后群体会将全部的情感和思想转向同一个方向。也只有在这种情况下，我前面提到过的“群体精神一致性的心理学定律”才会开始发挥作用。

在群体的心理特征中，有一些与孤立的个体是一样的，另外一些则完全相反，为他们所独有，而且只能在群体中产生。我们最先要研究的就是这些特征，以便能够揭示出它们的重要性。

一个心理学意义上的群体所表现出来的最惊人的特征如下：构成这个群体的个体无论是谁，不论他们的生活方式、职业、性格或智力是不是相像，他们变成一个群体的事实，使他们拥有了一种集体心理，让他们的情感、思想和行为与他们在独处状态下的情感、思想和行为产生了相当大的差异。众多的个体如果不是形成一个群体，有些思想或情感就不会产生，或者不会将它们转变成行动。心理学意义上的群体是由异质因素形成的暂时性的存在，当他们结合在一起的那一刻，完全就像那些通过重组一个新的存在而形成生命体形式的细胞，与单个细胞所具有的特征非常不同。

与人们在赫伯特·斯宾塞（Herbert Spencer）那样机智的哲学家笔下发现的观点完全相反，在形成一个群体的集合中，各个因素之间并不存在任何形式的汇总或者平均求值的情况。实际发生的情况是在组合之后产生出新的特征，就像化学中的某些元素——比如碱和酸——反应后形成一种与形成它的那些元素完全不同的新物质一样。

要想证明组成群体的个体与孤立的个体之间有多大差异并不困难，而要想找出这种差异的原因就不那么容易了。

要想对它们多少有些认识，首先必须牢记现代心理学已经明确了的真理，即无意识现象不但在有机体生命中，而且在智力活动中，都起着决定性的作用。与无意识的精神世界相比，有意识的精神世界意义不大。最细致的分析者和最敏锐的观察者，也只能找出一点决定着他行为的无意识动机。我们有意识的行为，大部分是由遗传影响所产生的无意识本体的产物。这个本体中包含着世代相传的无数共同特征，它们构成了这个种族的气质。在我们的行为可以说明原因的背后，毫无疑问隐藏着我们没有说明的原因，而在这些原因背后，还有许多我们自己也无从得知的神秘原因。我们大部分的日常行为，都是我们无法观察的一些隐秘动机的结果。

尤其是在涉及那些形成种族气质的无意识因素方面，属于这个种族的个体都表现得极为相似，而在涉及他们的个性中有意识的因素方面——教育的成果以及更为重要的那些独特的遗传条件——他们却表现出了很大的差异。那些在智力上差异最大的人之间却有着非常相似的本能和情感。在属于情感范畴的每一件事情上——宗教、政治、道德、爱憎等——最杰出的人士不见得能比凡夫俗子高明多少。从智力上说，一个伟大的数学家和他的鞋匠之间可能有天壤之别，但是从性格角度看，他们之间的差别很可能微乎其微，或者根本不存在。

这些正是受到我们无意识因素支配的、由种族中绝大部分的普通人以同等程度所拥有的普遍的性格特征。我认为，恰恰就是这些特征变成群体所共有的属性。在群体心理中，个体的才智被弱化了，他们的个性也相应地被弱化了。异质性淹没在同质性之中，无意识的品质占尽了先机。

群体平常只有普通的素质，这就解释了他为何从来都无法完成那些需要高度智力的工作。由各行业的专家所组成的群体做出的那些影响到大众利益的决定，并不会明显地比一群蠢人的决定更高明。现实的情况是，他们只能用每个普通人与生俱来的平庸素质来处理手头的工作。在群体中，能够累加的是愚蠢而不是天资。如果按照“整个世界”的概念来理解群体，那就根本不像人们通常说的，整个世界比伏尔泰（Voltaire）更有智慧，而是可以肯定地说伏尔泰比整个世界更有智慧。

如果群体中的个体仅局限于把他们都具有的寻常素质奉

献出来，那么只会导致寻常情况的出现，而不会如我们曾经认为的那样，会创造出新的特征。这些新特征是如何形成的呢？这就是我们现在要研究的问题。

不同的原因决定了这些为群体所独有而孤立的个体并不具备的特征。第一个原因，仅从数量上考虑，形成群体的个体也会觉得自己获得了一种势不可当的力量，从而敢于随心所欲，但在独自一人时，他一定会有所节制。他会很难约束这样的想法：匿名的群体，以及因此而来的法不责众，让总是约束着个体的责任感彻底消失得无影无踪。

第二个原因是传染现象，它决定着群体特征的表现形式，同时还会影响到他们的倾向性。传染现象的存在很容易证明，但是解释起来却不容易。这种情况应该归类为催眠形式的一种，我们就将对此做一简单研究。在群体中，每种情感和行动都有传染性，而且达到了使个体随时准备为集体利益牺牲个人利益的程度。这是一种与人的天性截然相反的倾向，除非在他成为群体一员的情况下，否则他几乎是不会有这种能力的。

第三个原因是暗示，这也是迄今为止最重要的原因，决定了群体中所有个体与孤立个体的特征截然相反。我这里想提醒的是，不要忽略了这种暗示：上面所说的传染造成的恰恰是这个结果。

要想理解这种现象，就必须记住最近的一些心理学发现。现在我们已经知道，通过各种不同的程序，个体可以被带入到一种完全失去人格意识的状态，他会对使自己失去人格意识的操作者唯命是从，会做出一些同他的性格和习惯完全矛盾的举动。最为谨慎的观察者似乎已经证实，个体在融入群体一段时间后就会发现——要么是因为群体凝聚力的作用，要么是由于一些我们无从得知的原因——自己进入了一种特殊状态，这种状态很像受到催眠的人在催眠师的操纵下所进入的迷幻状态。催眠对象的大脑活动在催眠过程中麻痹了，成为一个中枢神经没有任何意识的奴隶，一切任由催眠师随意支配，有意识的人格彻底消失，意志和辨别力也丧失了，一切情感和思想都屈从于催眠师的支配。

心理学意义上的群体中的个体差不多也是这种状况。他对自己的所作所为不再有什么意识。他的情况与被催眠者一样，在某些能力被摧毁的同时，另一些能力却有可能得到极大的强化。在某种暗示的影响下，他会因为难以抗拒的冲动而采取某种行动。群体中所有个体得到的暗示都是同样的，而且是通过相互作用获得力量，我们可以说，在群体中，这种冲动比在受到催眠的状态下更难以抗拒。在群体中，具备强大的个性、足以抵制那种暗示的个体寥寥无几，根本无法抵制这种潮流。他们充其量只能因为另外的暗示改变行动。比如说，正是通过这种方式，在千钧一发之际由某个印象及时唤起的愉悦表情有时候就可以阻止群体最血腥的暴行。

所以，我们看到，有意识人格的消失，无意识人格的得势，思想和情感因暗示和相互传染而转向一个共同的方向，立刻把暗示的观念转化为行动的倾向，是组成群体的个体所表现出来的主要特征。他不再是他自己，而是变成一个不再受自己意志支配的玩偶。

进一步说，单单是成为有组织群体的一部分，这就能使一个人在文明的阶梯上倒退好几步。在孤立的情况下，他可能是个有教养的人；但在一个群体中，他是一个野蛮人——也就是一个行为受本能支配的动物。他不由自主、残暴、狂热、表现出原始的激情和英雄气概，令他更像野蛮人的情况是，他甘愿让自己被各种言辞和形象打动。而他在孤立存在时，这些言辞和形象根本不会对他产生任何影响，而且，他会被诱导做出与他最显而易见的利益和最熟悉的习惯截然相反的举动。一个群体中的个体，不过是淹没在众多沙粒中的一颗，可以被狂风吹到任何地方。

正是由于这些原因，人们看到陪审团做出了陪审员在作为个体的情况下不会赞成的判决，看到议会通过了每个议员在作为个体的情况下不可能同意的法律和措施。单独分开来看，法国大革命时期的国民公会的成员都是举止温和的开明公民。结成一个群体后，他们却毫不犹豫地支持最野蛮的提案，把完全清白无辜的人送上断头台，而且，完全与自己的利益相左。他们宣布放弃自己神圣不可侵犯的权利，而且自相残杀。

群体中的个体与自身之间的本质差异不只是表现在行动上，甚至在他完全失去独立性之前，他的思想和情感就已经在转变了，这种转变是如此彻底，能够把守财奴变成挥霍者，把怀疑论者改造成信徒，把老实人变成罪犯，把懦夫变成英雄。在 1789 年 8 月 4 日那个著名的夜晚，贵族们在激情澎湃的冲动中投票放弃了自己的特权，如果在单独征询的情况下，根本不会有人同意。

从以上讨论中可以得出这样的结论：群体在智力上总是低于单独的个体，但是从情感及其激起的行动这个角度看，群体可以表现得比个体更好或更坏，这取决于周围的环境，以及群体所接受的暗示的性质。这就是那些只从犯罪角度研究群体的作家完全误解的地方。毫无疑问，群体通常是罪恶的，但是通常也是英勇的。正是群体，而不是单独的个体，会冒着生命危险去捍卫一种教义或者思想以取得胜利，会为了荣誉和尊严而激情似火，会像十字军时代那样，在几乎没有粮草和武器的情况下，向异教徒讨还基督的墓地，或者像 1793 年那样捍卫自己的祖国。[①] 这种英雄主义毫无疑问在一定程度上是无意识的，然而历史正是由这种英雄主义创造的。如果人们只是冷血地做出伟大行动，那么世界史上能够留下他们的记录就微乎其微了。

① 译者注：在 1793 年 1 月处死了路易十六后，管理法国的国民公会对英国、荷兰和西班牙宣战。

第二章
群体的情感和道德观

提要

1. 群体的冲动、易变和急躁。群体听任各种令人兴奋的刺激因素摆布，并且反映出这些因素中持续不断的变化——群体的冲动非常强势，彻底扼杀了对个人利益的感受——群体没有事先谋划的能力——种族的影响力。

2. 群体的易受暗示和轻信。群体面对暗示表现得百依百顺——群体把想象当作现实——为什么这些想象对于组成群体的所有个体来说都是一样的——群体中受过教育的人和无知的人是同样的情况——支配群体中个体的各种想象的例子——群体誓言的不可信——无数证人的一致说法是求证事实能够引用的最糟糕的证据——史学著作微乎其微的价值。

3. 群体情绪的夸张与天真。群体不允许怀疑和不确定，而且总是走极端。

4. 群体的偏执、专横和保守。这些感情的缘由——群体面对强权卑躬屈膝——群体瞬间的革命本能不妨碍他们变得极端保守——对变化和进步的本能敌视。

5. 群体的道德。依据他们行动时得到的不同暗示，群体的道德可以比组成群体的各个个体更高尚或更低劣——解释与实例——群体很少被利益的种种考虑所左右，而这些利益非常有可能是孤立个体所特有的动机——群体的道德净化作用。

在以一种概括的方式指出了群体的主要特征之后，仍然还需要对这些特征进行仔细研究。

应当注意到，在群体的那些特征中，有几种——比如冲动、急躁、缺乏推理能力、没有判断力和批判精神、情感夸张以及诸如此类的其他特征——“（不讲理的特点）几乎总是可以在低级进化形态[①]的生命体中看到——比如女人、孩子、混人”。然而，这种相似性我只是顺带提及，点到为止，对它的论证不在本书的范围之内。再者说，这样做对于熟悉原始人心理的人来说毫无用处，而对于对这个问题一无所知的人来说又不足以为信。

现在我就转到对不同特征的依次讨论上，这些特征可以在绝大多数的群体中存在。

1. 群体的冲动、易变和急躁

我们在研究群体的基本特征时曾经说过，群体几乎完全是受无意识动机支配的。对它的行为影响更大的是脊髓神经，而不是大脑。在这个方面，群体与原始人非常相似。只要关注一下他们的执行情况，你就会发现他们所采取的行动可能

① 勒庞所谓“高级进化形态的生命体”指“理性人”。——编注

十分完美，然而，由于他们并不受大脑支配，所以个体只是按照他所受到的刺激因素决定自己的行动。群体听任所有外部刺激因素的摆布，并反映出这些因素持续不断的变化。群体是那些刺激因素的奴隶。孤立的个体也会像群体中的个体一样受刺激因素的影响，但是由于他的大脑会告诉他屈服于它们不是上策，因此他会克制自己，不向它们屈服。这个道理可以用心理学语言表述如下：孤立的个体具有主宰自己反应行为的能力，而群体则不具备这种能力。

根据刺激他们的因素，群体所遵循的各种冲动可以是慷慨的或残忍的，英勇的或懦弱的，但是这种冲动总是极为强烈，以至于个体的权益，甚至自我保护的权益，都不可能支配它们。对群体产生作用的刺激因素千差万别，而群体却总是屈从于它们，因此群体也就极为多变。这就解释了为什么我们会看到群体可以在转瞬之间就从最血腥的狂热变成最极端的宽宏大量和英雄主义。群体很容易就会扮演刽子手的角色，同样也很容易像烈士那样从容就义。能够为某一种信仰的胜利而不惜抛头颅洒热血的正是群体。要想了解群体在这方面能做出什么样的事情，不必回到英雄辈出的年代。在起义中他们从不吝惜自己的性命，就在不久以前，一位突然名声大噪的将军，[1]可以轻而易举地聚集十万将士，只要他一声令下，他们随时都会为了他的事业而牺牲自己的性命。

因而，要让群体表现出任何预谋来是根本不可能的事情。他们可能接二连三地被最矛盾的感情所点燃，但又总是处于那些刺激因素的影响之中。他们就像被最狂暴的飓风卷起的树叶，朝着各个方向飞旋，随后又跌落地上。在我们后面研究某些革命群体时，会举出一些他们的感情变化多端的事例。

群体的这种多变性致使对他们的控制变得非常困难，当某些公共权力落到他们手里时尤其如此。如果日常生活中各种必要的事情没有形成某种无形的对生活方式的约束，民主便几乎没有了持续的可能。此外，群体的愿望虽然极度狂热，但是这些愿望却不能持久。群体没有能力进行任何长远的思考和规划。

群体不仅只是冲动和多变，就像野蛮人一样，他还不会承认，在他的愿望和实现这种愿望之间会有什么问题。他更没有能力理解这种问题，因为数量上的优势给予了他一种认

---

① 译者注：布朗热将军（Georges Boulanger，1837—1891），他是普法战争期间普鲁士围攻巴黎时法国军队中的指挥官。在 19 世纪 80 年代末期，他曾想利用反日耳曼情绪成为法国的独裁者。“马背上的人”这个词组最初就是用在他的身上（他在马背上发表讲话），这个词后来成为“蛊惑人心”的同义词。

为自己势不可当的感觉。对于群体中的个体来说，不可能的概念是完全没有的。一个孤立的个体很清楚，在孤身一人时，他不能焚烧宫殿或洗劫商店，即使受到这样的诱惑，他也很容易抵制这种诱惑。但是在成为群体的一员时，他就会意识到人多势众所赋予他的力量，这足以让他生出杀人劫掠的种种念头，并且会立刻屈服于这种诱惑。任何不期而至的阻碍都会被狂暴的怒火摧毁。要是人体组织真的能够允许狂热激情的持久存在，那么应该说，愿望受阻的群体所处的正常状态，正好就是这种激情狂热的状态。

种族的各种基本特征组成了一个恒久不变的源泉，源源不断地产出了我们所有的感情，这些基本特征总是对群体的急躁、冲动和多变性施加影响，就像它会影响到我们必须要研究的所有大众感情一样。所有群体无疑总是急躁而冲动的，但程度上却千差万别。例如拉丁人的群体与盎格鲁 - 撒克逊人的群体就有十分显著的差异。最近法国历史中的各种事件为这一点提供了生动的说明。25 年前，仅仅是一份据说某位大使受到侮辱的电报被公之于众，就足以促成怒火的爆发，一场可怕的战争紧随而至。[①] 几年后，关于谅山一次无足轻重

① 译者注：1870 年的普法战争，其主要原因之一是普鲁士首相俾斯麦公布了一份挑战性的“埃姆斯电报”。

的失败的电文，再次引发了怒火的爆发，同时导致了政府的垮台。而就在同一时期，英军在远征喀土穆[①]时遭受的一次非常严重的失败，仅在英国产生了微不足道的影响，也没有哪个内阁被推翻。各国的群体都有明显的女人气，而拉丁群体就最像女人。无论是谁，只要相信他们，很快就能够实现崇高的理想，但是这样做无疑就永远处于悬崖的边缘，终有一天必定要从上面摔下来。

2. 群体的易受暗示和轻信

我们在定义群体时说过，他们的一个普遍特征是极易受人暗示，我们还指出了暗示在群体中的传染程度，这是一个能够解释清楚群体感情向某个确定方向迅速转变的事实。不管人们认为这一点多么无足轻重，群体总是处于一种期待别人关注的状态中，因此很容易受到暗示。最初形成的暗示，会通过一个相互传染的过程，很快自行进入所有聚集在一起的那些人的大脑，群体感情的一致性倾向立刻会成为一个既定的事实。

所有处在暗示影响下的人都会这样，已经进入大脑的思

① 译者注：苏丹的一个城市，处于白尼罗河和蓝尼罗河交汇处。英国在 1884 年占领该城市后，苏丹将军马赫迪和他的士兵长期围攻，并于 1885 年 1 月 26 日夺取该城，查尔斯·戈登将军（Charles Gordon）和很多英国士兵被杀。

想都倾向于变成行动。无论这种行动是纵火焚烧宫殿还是自我牺牲，群体都会以同样的方式奉献出自己。一切都取决于刺激因素的性质，而不再像孤立的个体那样，取决于受到暗示的行动与可能力促反对这些行动的全部理由之间的利弊关系。

于是，群体永远都在无意识的边界游荡，随时准备听命于所有的暗示，具备了那些对理性影响无动于衷的生物所特有的全部狂热，所有的批判能力被剥夺殆尽，除了极端的轻信外再无其他的选择。对于一个群体来说，不存在什么不可能的事情，如果想要理解那种编造和传播最匪夷所思的神话和故事的能力，就必须牢牢地记住这一点。[①]

一些可以轻易在群体中流传的神话的产生，不只是他们极端轻信的结果，同时也是各种事件在众人想象中进行了离奇的曲解后的结果。简单的事件在经过群体的众口评述之后很快就彻底变了样。群体思考是意象性的，而意象本身又会引起与它毫无逻辑关系的一系列的其他意象。我们只要想一下，有时我们会因为在头脑中想到的任何事实而产生一连串幻觉，就很容易理解这种状态。我们的理性告诉我们，这些

---

① 经历过围攻巴黎的那些人就见识过这种群体轻信的无数例子。高楼上点亮的烛光马上被当成是发给围攻者的信号，尽管显而易见的是，只要稍加思索就会知道，在数里之外根本不可能看到蜡烛发出的光亮。

译者注：在普法战争中，巴黎被围困了 4 个月，从 1870 年 9 月一直到 1871 年 1 月。

意象之间没有任何关联，但是群体对这个事实却熟视无睹，把歪曲性的想象所引起的幻觉和真实事件混为一谈。群体很少能够区分出主观和客观之间的差异。他们把头脑中产生的意象也当作事实，尽管这个意象与所观察到的事实之间存在的关系微乎其微。

群体对自己看到的事件进行歪曲的方式，似乎是数不胜数，而且各不相同的，因为群体中的个体之间的性情差异非常大。但是实际的情况却并不是这样。由于传染，受到的曲解是同样的，而且对于所有聚集在一起的个体来说，他们也变得像是一个模子造出来的。

群体中的某个人对真相的第一次歪曲，是传染性暗示过程的起点。耶路撒冷墙上的圣乔治出现在所有十字军官兵面前之前，在场的人中肯定有一个人首先感觉到了他的存在。在暗示和相互传染的推动下，一个人编造的奇迹立刻就会被所有人接受。

这种情况就是历史上非常常见的集体幻觉的作用机制。这种幻觉似乎具备一切公认的真实性特征，因为它们都是被成千上万的人目睹到的现象。

要就上面的说法进行辩论的话，不要把组成群体的那些个体的心理素质纳入考虑的范畴。这种素质没有什么意义。

从他们成为群体一员的时候开始，一个学识渊博的人和一个白痴一样，同样没有了洞察的能力。

这个论点似乎是自相矛盾的。要想证明给大家看，不用说，需要研究大量的事实，就算用好几本书的篇幅也不足以达到这个目的。

然而，我不想让读者觉得这是些没有得到证实的说法，因此我要从可以引用的无数事例中随机挑出几个来论证一下。

下面这个是最典型的事例之一，因为它选自众多的使群体成为牺牲品的集体幻觉，其中涉及所有类型的个体，从最无知的到受过很高教育的，无所不包。这件事碰巧与一名海军上尉朱利安·费利克斯（Julian Felix）的《洋流》（*Sea Currents*）一书有关，《科学杂志》（*Revue Scientifique*）之前也曾经提到过。

护卫舰“贝勒·波拉（Belle Poule）”号在外海游弋，寻找在一场强烈的风暴中与它失散的巡洋舰“波索（Le Berceau）”号。当时是个艳阳高照的白天，突然，哨兵发出信号，表示发现了一艘遇难的船只。船员们顺着信号指示的方向望去，所有人——包括军官和水手——全都清楚地看到一只载满了人的木筏拖在一艘正在发出遇难信号的船的后面。然而这只是一次集体幻觉而已。德斯弗斯（Desfosses）

舰长放下一条船去营救遇难的水手。在接近那些可视目标时，舰上的官兵看到“有一大群活动着的人，大张着双手，而且能够听到很多沉闷而混杂的声音”。但是在到达目的地的时候，救援船上的人却发现自己身边不过是几根从附近海岸漂过来的覆盖着树叶的树枝。在如此明白的事实面前，幻觉消失了。

我们前面已经解释过的集体幻觉机制的运行情况，可以清楚地在这个事例中看到。一方面，我们看到一个处于心无旁骛的期待状态的群体，另一方面是由发现海上有遇险船只并发出信号的哨兵给出的一个暗示，这个暗示在经过相互传染之后，被包括军官和水手在内的所有在场的人接受了。

使眼前的事情被曲解，以及事实真相被无关的幻觉取代，群体中发生这种情况并不一定要有多少人。只要几个人聚集在一起就形成一个群体，就算他们全是天资很高的饱学之士，对于他们的专长之外的那些问题同样也会表现出群体的所有特征。他们每个人在独立时所具有的观察力和批判精神马上就会消失。天才的心理学家达维（Davey）先生为我们提供了一个非常贴切的例子，最近的《心理学年鉴》（*Annales des Sciences Psychiques*）进行了引用。达维先生把一群杰出的观察家召集在一起，其中一位是英国最著名的科学家之一华莱士（Alfred Wallace）先生。在让他们检查了物体并根据自己的意愿做上标记之后，达维先生在他们的面前演示起了精神现象，即灵魂现形的过程。在获得了这些杰出观察家的书面报告——他们认同观察到的现象只能通过超自然的手段达到——之后，他向他们揭秘，这些只不过是简单的魔术。“达维先生的研究中最令人吃惊的地方，”这篇报道的作者说，“不是魔术本身的神奇，而是外行目击者提供的报告极度不可靠。”他说，“很显然，就是众多的目击者也会给出一些完全错误的条件关系，但是，其结论是，假如他们的描述被认为是准确的，那么他们所描述的现象便无法用魔术来解释。达维先生发明的方法如此简单，以至于人们都吃惊于他竟然有胆量采用这些方法。但是他具有支配群体意识的能力，他可以说服他们相信看到了自己并没有看到的事情。”这里也像通常的情况一样，我们碰上的是催眠师影响被催眠者的力量。所以，如果这种力量的影响在高智商的且事先就被邀请他们质疑的人们的身上发挥作用，那么它能轻而易举地让普通群体上当，也就不足为怪了。

类似的例子不胜枚举。在我写下这些文字时，报纸上充斥着两个小女孩在塞纳河溺水身亡的报道。一开始，五六个目击者言之凿凿地说，他们认出了这两个孩子。所有的证词如出一辙，不容预审法官再有任何怀疑，他拟定了死亡证明。但就在葬礼即将开始的时候，一个纯粹的意外使人们发现，本来以为死了的人仍然活着，更令人匪夷所思的是，她们和溺水而死的人几乎没有什么相似的地方。就像前面提到的几桩事例一样，首位目击者本身就是幻觉牺牲品，但他提供的证词已经足以影响其他目击者了。

在这类事件中，暗示的起点一般都是某个人通过多少有些模糊的记忆所产生的幻觉，在这个最初的幻觉得到肯定之后，随之而来的就是相互传染。如果第一个观察者非常感情用事，那就足以让他认为已经辨认出了的那具尸体，在所有的其他真正相似的地方之外呈现出某些特殊的特征，一块疤痕或者会使人联想到另外一个人的穿戴细节。由此产生出的想法随之成为一个具化过程的核心，它会干扰理解的过程并让所有的批判能力全部陷于瘫痪。这个时候，观察者看到的不再是客观事物的本身，而是他头脑中产生的意象。通过这种方式，就可以解释清楚在下面的例子中为什么母亲会认错自己的孩子的尸体。这个事情已经过去很久，但是最近又被很多报纸重新提起。这个故事能够准确追踪到我刚指出的两种类型的暗示。

这个孩子被另一个孩子认出来了，但他被错认了。一系列没有根据的辨认过程随之开始。一件不同寻常的事发生了。在同学已经辨认出了尸体的第二天，一个妇女喊道："天哪，那是我的孩子！"

她被搀扶着走近尸体，她仔细看了他的衣物，而且注意到了额头上的疤痕。"肯定是我儿子，"她说，"他去年七月失踪，他一定是被人拐走后杀害了。"

这女人是福尔街的管理员，名字叫作夏凡德雷。她的妹夫也被叫来了，人们问到他时，他说："那是小菲利贝。"住在这条街上的好几个人也确认在拉弗莱特找到的这个孩子是菲利贝·夏凡德雷，这些人中有孩子的老师，他所依据的是那孩子佩戴的一枚徽章。

然而，邻居、妹夫、老师和当妈的全搞错了。六周后，那孩子的身份得到了确认。他是波尔多人，是在波尔多被人杀害，而且被一家搬运公司带到了巴黎。[①]

应当指出，发生这种错认情况的经常是妇女和儿童——也就是说，正好是最感情用事的那些人。这同时向我们表明，这种类型的目击证人在法庭上会有什么样的价值。尤其在涉及儿童的时候，他们的说法根本不应该相信。地方长官习惯于重申孩子不会撒谎。哪怕他们只要有一点基本的心理学素养，他们就应该知道，事情恰恰相反，儿童始终都在撒谎。毫无疑问，这种谎言是没有恶意的，但它确确实实是谎言。用扔硬币的方式决定被告的命运——这种情况经常出现——也要比用孩子的证词更好。

回到群体所拥有的观察力这个问题上，我们的结论是，他们的集体观察都是大错特错的，而且，在大多数的情况下它所代表的仅是个体的幻觉，这个人通过传染的过程对他的同伴进行暗示。那些事实都证明，群体证词是最不可靠的，甚至可以被添油加醋地放大到任何想要的程度。在 25 年前的色当（Sedan）战役期间，[②]有数千人出现在著名的骑

①《闪电报》(L' éclair)，1895 年 4 月 21 日。

② 译者注：色当位于法国东北部，普鲁士军队于 1870 年 9 月 1 日在此击败法军，并俘虏了拿破仑三世。该战役结果是普鲁士赢得战争，而法兰西第三共和国取代了法兰西第二帝国（第一次世界大战中，一支德国军队在色当再次击败法军）。

兵进攻战中，但是面对那些非常自相矛盾的目击者的证词，根本不可能确定指挥这场战役的是谁。英国将军沃尔斯利（Wolseley）爵士在最近的一本书中证实，关于滑铁卢战役中一些至关重要的事件，至今一直有人在犯下最不可原谅的实质性错误——数百人曾经信誓旦旦地一致证明过的那些事实。①

这样的事实告诉了我们群体证词有什么样的价值。关于逻辑学专论中有无数证人的一致认定属于最强有力证据的说法，这些证据可以用来支持事实的准确性。然而用群体心理学的知识表明，逻辑学中的观点在这一点上需要重写。那些最令人质疑的事件，当然是那些有大量的人观察到的事件。讲一个同时被数千个目击者所验证的事实，通常的情况，就是在讲一个真正的情况与广受认同的说法相去甚远的事实。

很显然，从以上情况得出的结论是，史学著作应该被当作是纯粹想象的产物。它们是对错误观察到的事实所做的虚

① 我们能确切地知道一场战争是怎么打起来的吗？对此我深表怀疑。我们知道谁是征服者，以及谁被征服了，但是，或许这就是我们了解的全部。达尔古先生针对索尔费里诺（Solferino）战役所说的那些话也许适用于所有的战役，他见证而且亲身参与了这场战役——“将军们（当然是掌握了数百份证据）提交了他们正式的报告；值班的官员修改这些报告并起草一份准确的说明；参谋长提出反对意见，并在全新的基础上全部重写这份报告。报告递交给元帅，他愤慨地说：‘你们完全搞错了。’他换成了一份全新的版本。至此，基本上原先报告上面的内容几乎荡然无存了。”达尔古先生讲这个话的意思是想要证明，探究最引人瞩目的且有最好的观察记录的那些事件的真相是不可能的。

构记述，并且伴随着思考后的一些解释。撰写这样的书籍完全是在浪费时间。假如历史没有给我们留下它的文学、艺术以及不朽的作品，那我们对过去时代的真相绝对是一无所知的。关于那些在人类历史上发挥过重大作用的伟大人物的生平，如赫拉克利特（Heracleitus）、释迦牟尼或穆罕默德，我们拥有真实的只言片语吗？极有可能的情况是我们一无所知。另外，实事求是地说，他们的真实生平对我们也无关紧要。我们的兴趣在于了解我们的伟人出现在广为流传的神话中的时候是什么形象。深深铭刻在大众心目中的是被神化的英雄，真实的英雄连一丝一毫的机会都没有。

遗憾的是，神话尽管被明确地收录在书中，其自身却没有一点稳定性。在岁月的涤荡下，尤其是在种族因素的影响下，群体的意向在持续不断地改变着它们。《旧约》中残暴的耶和华与圣德肋撒爱的神之间有天壤之别，在中国受到崇拜的佛祖与在印度受到尊奉的佛祖之间也找不到什么相同的特质。

甚至也用不着几个世纪，英雄就会离我们而去，因为他们的神话被群体的想象力彻底改变了。这种变化有时在几年之内就会发生。我们自己的这个时代就见证了历史上最伟大的英雄的神话在不到50年间便被数次修改。在波旁时期，拿破仑成了田园派和自由主义的慈善家、平民百姓的朋友。在诗人眼里，他注定会永远活在农民的心中。此后的30年间，这个平易近人的英雄又变成一个嗜血成性的暴君，他在窃取了权力并毁灭了自由之后，仅仅为了满足自己的野心，便让300万人命丧黄泉。现在，我们正在目睹神话的又一次鲜活转变。在经历数千年的风雨之后，未来的知识分子在面对这些矛盾百出的记载的时候，也许会对这位英雄是否真的存在表示怀疑，正像现在有些人怀疑佛祖的存在一样，而且从他身上，他们看到的只会是一个太阳神话或赫拉克利特传奇的发展版本。对这种缺乏确定性的情况，他们无疑会很容易地觉得自己心安理得，因为和今天的我们相比，他们更清楚地知道，在群体特征和心理方面，除了神话，历史很少能够保存对其他事情的记忆。

3. 群体情绪的夸张与天真

群体表现出来的感情不管是好是坏，总是呈现出非常简单和夸张的双重特征。从这个角度说，与其他众多方面一样，群体中的个体很像是原始人。因为无法做出细致的区分，他只能把事情视为一个整体，也看不到它们中间的过渡状态。群体的夸张情绪也受到另外一个事实的强化，即不管什么感情，一旦表现出来，并通过暗示和传染这样一个非常迅速的传播过程，它所明确赞成的目标就会在相当的程度上增强自己的力量。

群体情绪的简单和夸张导致一群人既不会怀疑也不知事情的不确定性。它就像女人一样，马上就会走向极端。猜疑一说出口，立刻就会成为不容辩驳的证据。心生厌恶或有反对意见，在孤立的个体身上不会有什么力量，但是在群体中的个体，却能立刻变成熊熊的怒火。

群体感情的狂暴也会因责任感的全面缺失而强化，尤其是在异质性的群体中间。意识到免遭惩罚——而且群体的人数越多就越确定——以及因人多势众而暂时产生的力量，会使孤立的个体不可能产生的情绪和行动在群体中成为可能。在群体中间，傻瓜、白痴和心怀妒忌的小人，从卑微无能的感觉中解脱出来，会充满残暴、短暂但又巨大的力量。

不幸的是，群体的这种夸张倾向，常常被用来作用于一些恶劣的感情。这些感情是原始人本能的隔代遗传的残渣，由于担心受罚而迫使孤立且尽责的个体在这些方面有所节制。因此，正是这个原因，使群体很容易做出最过分的坏事。

这仍然并不意味着群体没有能力在积极的影响之下表现出英雄主义、献身精神或最崇高的美德，他们甚至比孤立的个体更能表现出这些品质。当我们研究群体的道德时，很快还有机会回到这个话题上来。

由于群体在感情方面的极度夸张，因此只会被极端的感情所打动。想要感动群体的演说者必须滥用粗暴的定论。夸大其词、言之凿凿、不断重复，而且从来不以说理的方式证明任何事情——这些都是公众集会上的演说家惯用的论辩方法。

更为严重的是，群体的感情在对待自己的英雄时，也会苛求同样的夸张。英雄所表现出来的品质和美德肯定总是会被放大。人们已经很恰如其分地评述说，在舞台上，观众会要求英雄表现出现实生活中不可能存在的那种勇气、道义和美德。

对于在剧场里观察事物的这种特殊立场的重要意义，早已经有人给予了正确的认识。这种立场的存在是毫无疑问的，但是它大部分的原则根本就毫无常识和逻辑可言。能吸引群体的艺术毫无疑问是低层次的艺术，但是这也需要十分特殊的才智。通过阅读剧本来判断一出戏的成功与否通常是不可能的。剧院经理站在自己的角度接受一部戏时，对这部戏到底能否取得成功通常并没有把握，因为想要对这个问题做出判断，他们就必须要把自己变身成为观众。[①]

这里我们又一次可以进行更为广泛地解释，我们会揭示出种族因素的压倒性影响。一部在某国掀起热情的戏剧有时候在另一国却并不成功，或者只取得了部分的或平平的成功，因为它并不具备能够作用于另外一些公众的实际影响力。

我没有必要再补充说，群体的夸张倾向只是在感情方面呈现，对智力根本不起任何作用。我已经通过一个简单的事实证明，个体一旦成为群体的组成部分，他的智力水平立刻就会大大下降。一位满腹经纶的地方官员塔尔德（Tarde）先生在研究群体犯罪时也验证了这个事实。也就是说，对于感情来说，群体仅仅只是能够把它提到非常高——或者相反——压到非常低的水平。

4. 群体的偏执、专横和保守

因为群体只能认知简单和极端的感情，所以对提供给他

① 出于这个理由，人们就应该能够理解为什么有时候那些被所有剧院经理拒绝了的戏剧，在偶然上演时竟会大获成功。弗朗索瓦·科佩（Francois Coppée）的戏剧《为了荣誉》最近的成功是众所周知的，然而，尽管剧作家名气很大，但是在10年间一直都遭到巴黎主要剧院的经理们的拒绝。《查理的姑妈》遭遇了所有剧院的拒绝，最终是由一名股票经纪人出钱上演，在法国演出了200场，在伦敦演出了1000多场。要是没有上面关于剧院经理不可能心理换位成群体的解释，这种因为个人能力而出现的误判是无法说清楚的，尤其这些人最在意的就是避免出现这种严重错误。这是我在此无法解决的问题，但是它或许值得一位熟悉戏剧问题且同时又是敏锐的心理学家的作家大书特书——比如像弗朗西斯科·萨塞（Francisque Sarcey）这样的作家。

们的各种意见、想法和信念，他们或者全盘接受，或者一概拒绝，并且将其视为绝对的真理或者绝对的谬论。对于那些用暗示的手段加以诱导而不是通过推理得出的信念，历来的情况就是这样。所有人都知道与宗教信仰相伴的狭隘，以及它们对人类心灵施行的桎梏。

由于对什么是真理、什么是谬论这样的问题不存疑问，另一方面，又明确自己的力量之大，群体于是便很乐意地像对自己的偏执一样也对自己的理想同样赋予了权势效应。个体也许会允许反对并进行讨论，群体从来不会这样做。在公众集会上，演说者哪怕做出最轻微的反对，立刻就会招来怒吼和粗野的叫骂，如果演说者还要坚持自己的立场，嘘声和驱赶就会紧随而至。如果没有当局的代表在场节制，事实上，持异议者通常会被处死。

专横和偏执是所有群体类型共有的特点，但是所遇到的强度各有不同。在这里，再一次出现了支配着人们所有感情和思想的根本性的种族观念。尤其是在拉丁人的群体中，人们会发现专横和偏执发展到了无以复加的地步。事实上，这两种感情在拉丁人的群体中的发展，已经彻底摧毁了个人的独立情感，而这种个人的独立情感在盎格鲁－撒克逊人中却如此强烈。拉丁人的群体只关心他们所属宗派集体的独立性，他们对独立概念的理解，就是要让那些与他们意见相左的人立刻彻底臣服于他们的信念。在各个拉丁人的群体中间，自宗教法庭时代以来的每一个时期的雅各宾党人，从来都没有对自由形成过另外的概念。

群体对专横和偏执这两种感情一直都有着明确的认识，这两种感情在他们中间很容易酝酿出来，而且这两种感情只要被强加于他们身上，他们随时都乐于将其付诸实践。群体对于权势表现得俯首帖耳，但仁慈却很少能够感动他们，仁慈对于他们来说不过是软弱可欺的另一种形式。他们的悲悯之心从来不会献给平易近人的主子，而只会献给残暴欺压他们的暴君。他们总是给后者塑起最高大的雕像。千真万确，他们很愿意蹂躏那些被他们剥夺了权力的暴君，那是因为暴君在失势之后也变成一介平民，他们被唾弃是因为他们不再让人害怕。群体崇拜的英雄类型，总是具有恺撒的样子。他的威望吸引着他们，他的权力威慑着他们，他的利剑把恐惧注入他们的心里。

群体总是恃强凌弱。如果一个强大的权势时断时续，那么总是被极端情绪左右的群体便会反复无常地从无法无天到奴颜婢膝，又从奴颜婢膝到无法无天。

然而，如果相信群体中的革命本能处在主导地位，那就完全误解了他们的心理。在这一点上欺骗了我们的，只不过是他们的暴力倾向。他们的反叛和破坏行为总是转瞬即逝。群体过多地受到了无意识因素的支配，过多地屈从于主张世俗的等级制。让他们放任自流，他们很快就会对混乱感到厌倦，并本能地转变成奴才。当波拿巴压制了所有自由，让每个人都深切感受到他的铁腕的时候，向他发出最响亮的欢呼声的正是那些最桀骜不驯的雅各宾党人。

如果不对群体的保守本能给予足够的认真考虑，就难以理解历史，尤其是历史上民众的革命。确实，他们可能会热衷于改变他们体制的名称，而且为了取得这种变革，他们甚至时常发动暴力革命，然而，这些体制的本质大多都反映了他们并不总是无条件服从那些种族内部的等级需要。群体不停地变来变去，只会影响到很表面化的事情。其实，他们所具有的保守本能，就像所有的原始人所具有的这种本能一样牢不可破。他们对一切传统的那种偶像崇拜般的尊敬是绝对的；他们对一切有可能改变他们自身存在的根本性条件的新事物的那种无意识恐惧是根深蒂固的。要是在发明纺织机或出现蒸汽机和铁路的时代，各种民主思潮就拥有了它们今天所拥有的权力，那么这些发明的实现应该是不可能的，或至少要付出革命和不断杀戮的代价才可能实现。对于文明的进步而言，值得庆幸的是，只是在科学和工业大发现已经实现了的时候，群体的权力才开始存在。

5．群体的道德

如果把“道德”一词定义为对约定俗成的社会习俗持久地尊重，并且对自私的冲动永远地抑制，我们就可以十分明显地看到群体太过于冲动而且太过于多变，根本不可能与道德沾边。然而，如果我们把某些昙花一现的品质，如舍己为人、自我牺牲、不计名利、勇于献身以及对平等的追求等，也纳入“道德”的内容中，那么反过来我们可以说，群体经常会表现出非常崇高的道德精神。

极少数研究过群体的心理学家，只是从他们的犯罪行为来考虑这些问题，在注意到这种行为经常发生后，他们得出了群体的道德水平十分低劣的结论。

毫无疑问，情况通常就是这样的，但为什么会这样呢？很简单，因为野蛮和破坏性的本能是我们从原始时代继承下来并一直蛰伏在每个人身上的。在孤立的个体中，满足这种本能对他来说是很危险的，但是当他融入一个群体，并知道自己不用负责的时候，他就会彻底放纵这些本能。在各种活动的常规过程中，由于我们不能把这种破坏性的本能施加在自己同胞的身上，我们便把它们发泄在动物的身上。对猎物追捕和残暴的行为所具有的那种流传甚广的激情，也来自同样的根源。一个慢慢杀死没有反抗能力的牺牲者的群体，表现出了一种十分懦弱的残忍。不过对于哲学家来说，这种残忍，与几十个猎人聚集成群用猎犬追捕和杀死一只不幸的鹿时表现出的残忍非常相似。

群体可以杀人放火，无恶不作，但是也能做出极崇高的献身、牺牲和不计名利的举动，做出很多远比孤立的个体更为崇高的行为。那些对荣誉、名望和爱国主义的情感诉求，对组成群体的个体尤其具有感染力，而且经常可以达到令他们舍生取义的地步。历史长河中具有很多像十字军远征和1793年的志愿者那样的事例。只有群体能够表现出伟大的不计私利和奉献的精神。为了一知半解的信仰、思想和只言片语便英勇地面对死亡的群体真是数不胜数！那些坚持罢工的群体的目的，更多地可能是为了服从一道命令，而不是为了增加一点养家糊口的薪水。个人利益几乎是孤立的个体唯一的行为动机，却很少是群体的强大动力。可以肯定，在众多的群体智力难以理解的战争中，引领着群体的肯定不是私利，在这些战争中，他们甘愿让自己轻而易举地被屠杀，简单得就像被猎人的镜子弄晕了的云雀。

即使是在罪大恶极的流氓恶棍的中间，经常也会出现这样的情况，仅仅因为他们在群体中存在的这个事实，便会暂时赋予他们严格的道德操守。泰纳呼吁人们注意这个事实："九月惨案"[①]的罪犯把他们从受害者身上找到的钱包和珠宝堆放在委员会的桌子上，本来他们是可以轻而易举地把这些东西据为己有的。1848年革命期间，进攻杜伊勒利宫（Tuileries）的那些蜂拥而至的衣衫褴褛的群众，并没有染指那些让他们兴奋得目瞪口呆的物件，而其中的任何一件都可以让他们在今后的很多日子里不愁吃喝。

群体对个体的道德净化作用，肯定不是永恒不变的现象，然而，却是一种经常可以看到的情况。甚至在严重程度远不及我刚才说过的那些例子的情况下，也能够观察到。我曾经说过，在剧院里，观众的情绪会使剧中的英雄散发出夸张的美德，而且，司空见惯的情况是，集会上大家通常也会表现得中规中矩，即使与会者都是那些低劣的人员。放荡不羁的人、拉皮条的人和粗鄙的人，面对有些危险的情况或者交谈的时候，通常会变得细声细语，与他们平常的说话方式相比，这种方式完全没有任何伤害。

---

① 译者注：1792年9月，巴黎群众冲入监狱，杀死大量被囚禁的贵族和僧侣，史称"九月惨案"。

然而，如果说群体会经常放纵自己那些低劣的本能，他们也会不时树立起崇高的道德行为典范。如果把无私、顺从和绝对献身于一个真实的或虚幻的理想算作是美德的话，那就可以说，群体通常都具备这些美德，而且所达到的水平，即使最聪明的哲学家也难以望其项背。毫无疑问，他们在无意识中实践着这些美德，但是它的意义并不大。我们不该过多抱怨群体经常受无意识因素的左右，毫不讲理。在某些情况下，要是他们很有理性，并且考虑他们的眼前利益的话，那么极有可能出现的情况就是我们这个星球上生长不出文明来，而人类也就不会有任何的历史可言了。

第三章

群体的思想、理性与想象力

提要

1. 群体的思想。主体思想和辅助思想——相互矛盾的思想如何同时并存——崇高思想必须经过改造后才能推向群众——思想的社会影响与它是否包含真理无关。

2. 群体的理性。群体不受理性的影响——群体的推理能力总是处于非常低级的水平——他们所接受的思想中的相似性或连续性只是表面上的。

3. 群体的想象力。群体想象力的力量——群体按照形象进行思考，而这些形象之间没有任何联系——群体对各种传奇的印象尤其深刻——神话和传说是文明的真正支柱——群众的想象力一直都是政客的权力基础——能够以事实触发群体想象力的方式。

1. 群体的思想

我们在前面研究群体思想对各国发展所起到的作用的时候，已经证明了所有文明都是屈指可数的几种主体思想的产物，而且这些思想极少会更新。我们还证明了这些思想是如何植根于群体的心中、这个过程遭遇了什么困难以及这些思想一旦形成会具有什么样的力量。最后我们看到，在通常的情况下，那些历史性的动荡就是由这些主体思想的变化所引发的结果。

由于已经用了足够的篇幅论述过这个问题，因此我现在不想再赘述，只是简单地就群体能够接受怎样的思想，以及他们接受这些思想的方式这两个问题说几句。

这些思想可以分成两大类。其中一类我们应该看成是由临时影响造成的转瞬即逝的辅助思想，譬如对某个人或某种教条的痴迷。另一类应该归为主体思想的范畴，环境、遗传规律和公众意见赋予了这种思想极大的稳定性，这种类型的思想在过去是宗教信仰，在当今是社会主义和民主思想。

如今，作为我们父辈精神支柱的那些伟大的主体思想，正在变得摇摇欲坠。它们已经完全靠不住了，与此同时，建立于其上的各种制度也受到了严重的动摇。每天都有大量的我刚才说过的那种转瞬即逝的辅助思想在形成，但是它们很少能具有什么生命力，也很少能够产生持久的影响力。

无论给群体提出什么思想，只有在具有非常绝对的、毫不妥协的和简单明了的形式的条件下，它们才能产生应有的影响力。之后，它们都会被披上形象化的外衣，而且，也只有以这种形式，它们才能被群众接受。在这些形象化的思想之间，没有任何逻辑上的相似性或者连续性，它们可以相互取代，这就像操作者从幻灯机盒子里随便取出一张又一张叠在一起的幻灯片一样。这就解释了为什么能够看到最矛盾的思想可以在群体中同时产生。在不同的时候，群体会处于在它理解范围之内的各种不同思想中的某一种的影响之下，而且，相应能够做出大相径庭的举动。批判精神的彻底缺失，导致了它对这些矛盾没有丝毫的察觉。

这种现象并不是群体所特有的，在很多孤立的个体身上也存在，不仅只是在原始人的身上，还包括在某方面的智力水平接近于原始人的人身上，例如那些宗教信仰上的狂热宗派成员。我曾经就观察到了这样的例子，那些在我们欧洲的大学里接受教育并拿到了学位的有教养的印度人，就呈现出这种现象，而且达到了令人费解的程度。很多的西方思想已经被置于他们的那些一成不变的、根本性的世袭思想或者是社会思想之上。在不同的时候，这一套或那一套思想就会自己呈现出来，并伴之以相应的举动或者说法，在这种情况下，同一个人会呈现出最不可思议的各种矛盾来。不过，这些矛盾更趋于表象而远非真实的情况，因为只有世袭思想才能够对孤立的个体产生足够的影响，这种影响大到足以变成行为的动机。只有一个人由于不同种族之间的通婚，处在不同的传统倾向之间的时候，他在不同的时刻表现出来的行为才会真正显得水火不容。在这里纠缠这些现象或许没有什么用，然而它们在心理学上的意义却十分显著。我个人的看法是，要想对这些问题能够有所理解，至少需要十年的游历和观察。

由于思想只有以简单明了的形式呈现，才能被群体理解，因此通常都必须经过一番彻底的改造，新的思想才能流行起来。尤其是当我们面对的是那些高深莫测的哲学或科学思想时，我们会看到，为了迁就群体的智力水平，需要对它们进行多么重大的修改。这些修改取决于群体的性质，或者群体所属种族的性质，但是，做出的这些修改都是趋向于低俗化和简单化。这就解释了这样一个事实，即从社会的角度看，现实中基本上不存在诸如像思想等级制度这样的事情——也就是说，思想基本上没有孰高孰低的分别。然而，一种思想不管开始的时候有多伟大或者有多正确，仅仅只是因为进入了群体智力的接受范围，并对他们施加了影响这个事实，就会使它丧失掉几乎所有的形成崇高或伟大的成分。

另外，从社会的角度看，一种思想的等级价值，也就是它的内在价值，并没有什么意义。需要考虑的是它所产生的效果。中世纪的基督教思想、20世纪的民主思想、当今的社会主义思想，肯定都算不上非常崇高。从哲学的角度考虑，它们只能被看成是一些可惜的失误，但是它们的威力一直以来仍然都十分强大，这样的情况也将继续维持下去，因此可以预计，在未来相当长的一段时间里，它们都将成为决定各国行为方式的最根本性的因素。

甚至当一种思想为了能够让群体接受而经过了彻底的改造，它也只有以各种各样的过程进入到无意识领域，在事实上已经变成一种情感的时候，才会产生影响，这个过程需要很多的时间。

切莫以为，仅仅因为一种思想的正确性得到了证实，就可以在那些最少是受过良好教育的人身上产生出卓有成效的效果。通过注意到最确凿的证据对绝大多数人的影响是多么微不足道，这个事实很快就可以得到认可。一项证据如果是简单明了的，可能会被一个有教养的人接受，但是他无意识的自我很快就会把刚转变了的东西又带回到他原来的那些概念里。过了一些日子之后再次看到他，他会用完全一样的词语重新提出他过去的那些论据。实际上他处在前期思想的影响之下，这些思想已经都变成情感，而且，影响到我们的言行举止最隐秘动机的正是这样的思想，也只是这样的思想。群体的情况也不会有什么例外。

当思想通过各种不同的过程成功地渗透进群体的精神世界里的时候，它具有了一种势不可当的力量，而且产生出了一系列的后果，与它对抗是徒劳的。引发了法国大革命的那些哲学思想，花了将近一个世纪才深入到了群众的心中。一旦扎下根来，它们势不可当的威力就显示出来了。整个民族为了争取社会公正，以及实现抽象的权利和理想化的自由所做出的不懈奋斗，造成了所有的王室都面临摇摇欲坠的窘境，并极大地搅乱了西方世界的格局。在 20 年的时间里，各国都陷入了自相残杀的纷争之中，而欧洲见证了连成吉思汗和帖木儿看了也会心惊胆战的大屠杀。这个世界以前还从来没有见过这种因为思想的传播而引起如此大规模的杀戮的情况。

让思想在群众的头脑里树立起来需要很长的时间，但是要想从头脑里根除它们也需要差不多同样的时间。出于这个原因，只要是涉及思想方面的问题，群体总是比博学之士和哲学家要落伍好几代人。今天所有的政客都十分清楚，我刚才提到的那些主体思想中包含着各种相互混杂的错误，然而由于这些思想的影响力依然十分强大，他们也情愿按照这些自己已经不再相信的真理的原则进行统治。

2. 群体的理性

不能绝对地说群体没有理性而且也不受理性的影响。

然而，他们所接受的以及能够对他们造成影响的理性，从逻辑的观点看，属于一种非常低劣的类别，只能把它们比喻成是推理。

群体那种低劣的推理能力建立在与其思想结合的基础之上，这一点与高级的推理并没有什么不一样，但是，在群体采用的各种观念之间，只存在表面的相似性或连续性。群体的推理方式类似于因纽特人的推理方式，他们从经验中得知，冰这种透明物质放在嘴里会融化，于是认为同样属于透明物质的玻璃，放在嘴里也应该会融化；或者类似于野蛮人的方式，他们凭空想象，认为吃下骁勇的敌人的心脏，便能得到他的勇敢；或者类似于工匠的方式，他们受到某位雇主的剥削，便立刻得出结论，认为天下所有雇主都是剥削他们的人。

群体推理的特征，是把那些彼此之间完全不同，只是在表面上具有某些联系的东西生拉硬扯在一起，并且立刻把各种具体的情况普遍化。那些知道如何操纵群体的人所供给的也正是这种论据。它们是唯一可以影响群体的论据。论据的逻辑链条对于群体来说是完全无法理解的，由于这个原因，我们可以说，他们不会推理或者只会错误地推理，而且也不受推理过程的影响。看看某些演说词，里面的漏洞让你不得不感到惊讶，然而，对于听讲的观众来说，它们却具有巨大的影响，但是，人们忽略了一点，这些演讲是打算用来说服群众的，并不是拿来给哲学家阅读的。一位与群体有亲密接触的演说家能够在群体中激发出对他们有诱惑力的形象。如果他成功了，他的目的便达到了，而20部的鸿篇巨制——它们往往都是深思熟虑的产物——还不如寥寥几句能够对试图说服的头脑更有号召力。

群体没有推理能力使他们不能表现出丝毫的批判精神，也就是说，让他们无法从错误中辨别出真理，也无法对任何问题形成精准的判断，以上的补充说明似乎显得有些多此一举。群体所接受的判断，仅仅只是那些强加给他们的判断，从来都不是经过讨论后得到的判断。就这个问题来说，比群体水平高明不了多少的个体也是数不胜数的。在接受某些意见的过程中表现出来的那种轻而易举，就是因为大多数人认为无法基于推理形成自己独特的意见。

3. 群体的想象力

与缺乏推理能力的人一样，群体形象化的想象力非常强大、活跃，而且非常容易受到影响。一个人、一件事或一次事故在他们头脑中所唤起的形象，全都像现实中的情况一样栩栩如生。从一定意义上说，群体处于一个酣睡者的状态，他的推理能力已被暂停，这使他的头脑中产生出了极其鲜明的形象，但是只要开始思考，这些形象很快会消失殆尽。既然群体不具备思考和推理这两种能力，因此不可能的概念彻底从他们的头脑里消失了，而且还应该注意到，他们还会司空见惯地认为，最不可能的事情就是最刺激的事情。这就是各种事件中那些不同寻常的、传奇式的方面总是最令群体印象深刻的原因。实际上，对一种文明稍加分析就会发现，真正支撑它的正是那些神话和传奇。在历史上，表象总是比真相起着更重要的作用，而虚幻的时刻总是远多于真实的时刻。

由于群体只会形象思维，因此也只能被形象打动。只有形象能唬住或吸引群体，并且成为他们的行为动机。

由于这个原因，最能活灵活现反映人物形象的戏剧表演，总是能对群体产生巨大的影响。在罗马民众的眼里，面包和宏大壮观的表演构成了理想中的幸福，他们别无所求。在此后的所有时代里，这种理想几乎没有什么变化。没有什么比戏剧表演能够对各种群体的想象力产生更大的影响。全体观众在同一时刻体验着同样的情感，如果说这些情感没有立刻变成行动，那不过是因为连最无意识的观众也不会认识不到，他不过是个幻觉的牺牲品，他的笑声与泪水都是献给了那个想象出来的离奇故事。然而，有的时候，由形象的暗示而产生的情感却如此强烈，就像各种习惯性的暗示一样，它们倾向于变成行动。人们经常提到这样一个故事：一家知名的剧场经理，由于该剧场上演了一场悲情戏，所以不得不在扮演叛徒的演员离开剧院时，为他提供保护，使他免受那些对叛徒义愤填膺的观众的粗暴攻击，尽管那些罪行不过是凭空想象出来的。我认为，在这里看到的是群体的心理状态，尤其是在那些使他们在不知不觉间受到影响的最明显的技巧。不真实的情况对他们的影响几乎与真实的情况一样大。他们明显对两者不加以区分。

征服者的权力和国家的威力，就是建立在大众想象力的基础之上的。更具体点说，就是通过想象力影响群众，从而来领导他们的。所有重大的历史事件，佛教、基督教和伊斯兰教的兴起，宗教改革，法国大革命，以及在我们这个时代出现的社会主义咄咄逼人的入侵，都是对群体的想象力强烈影响后带来的直接或间接的后果。

此外，所有时代和所有国家的那些伟大的政治家，包括那些最专横的暴君，也都把群众的想象力视为权力的基础，而且从来都没有试图在统治中拂逆他们的意志。拿破仑对国会说："就是通过皈依天主教，我才终止了旺代战争。[①]通过变成穆斯林，我在埃及站住了脚。通过成为一名教皇至上主义者，我赢得了意大利僧侣们的支持，而且，要是我得去统治一个犹太人国家，我也会重修所罗门的神庙。"或许从亚历山大和恺撒以来，从来没有一个伟大的人物对怎样影响群众的想象力有比这更好的认识了。他始终持之以恒孜孜以求的，就是实现这个目的。在大获全胜的时候、在慷慨激昂的时候、在发表讲话的时候，在他自己所有的行为中，他都把这一点时刻牢记在心中。在他的弥留之际，依然对这种念头挥之不去。

群众的想象力是如何受到影响的呢？很快我们就会看到了。让我们暂时假定我们同意这种说法：伟大的事业从来就不可能通过智力或者推理的能力而成就，也就是说，不可以

① 译者注：1793年反对征兵而爆发的暴乱，发生在法国的旺代地区。

采用论证的方式。安东尼成功地让民众起来反对谋杀恺撒的那些人，他并没有用什么狡诈的言辞，而是手指着恺撒的遗体，给大家朗读了他的遗嘱。

激发群众想象的无论是什么东西，所呈现出来的都是一种令人震惊而且非常鲜明的形象，根本没有任何多余的解释，或者仅仅伴之以几个奇妙的或者神奇的事实，恰当的例子是一场伟大的胜利、一个伟大的奇迹、一个弥天大罪或者一个巨大的希望。这些东西必须完整地呈现在群众的面前，其过程必须绝口不提。上百个小罪恶或者小意外对群众的想象不会有丝毫的触动，而单单一个很大的罪行或者重大的意外却会给他们留下深刻的印象，即使其危害性远小于数百个小意外相加在一起。流行性感冒对群众的想象几乎没有任何的影响，尽管它会造成死亡，而且几年前仅在巴黎一地便夺去了 5000 人的生命。原因在于，这种名副其实的大规模死亡惨剧没有以任何生动的形象表现出来，大家只是从每周发布的统计数据中得以了解。一次只造成 500 人而不是 5000 人死亡的事故，如果它是在一天之内在公众面前发生的，就会是一次强烈吸引眼球的事件，譬如说是因为埃菲尔铁塔轰然倒塌，就会对群众的想象力产生重大影响。一艘横跨大西洋的轮船没有了任何的音信，据推测已经在大洋深处沉没，这个失事的可能性在整整一周内深深地影响着群众的想象。然而，官方的统计数据表明，仅仅 1894 年一年，就有 850 条帆船和 203 艘轮船失事。不过，群众从来都没有对这些接二连三的失事有过片刻的关心，尽管它们对生命财产造成的破坏远比那次大西洋班轮的失事可能造成的损失要严重得多。

然而，激发民众想象力的并不是事实本身，而是它们发生和引起注意的方式。如果我可以充分表明看法的话，我会说，经过必要的提炼，它们就会产生出一种令人震惊的形象，填满并控制大家的心灵。掌握了影响群众想象力的艺术，也就同时掌握了驾驭他们的艺术。

第四章

群体信仰所呈现出的宗教形式

提要

宗教情感所包含的意义——它独立于对某个神的崇拜——它的特征——信念的力量呈现出一种宗教的形式——各种各样的例子——群众心里的神从来没有消失过——它们从中复活的新形式——无神论者的宗教形式——从历史角度看这些现象的重要意义——宗教改革、圣巴托罗缪大屠杀、恐怖统治以及所有类似的大事件，都是群体宗教情感所带来的结果，而非孤立的个人的意愿。

我们已经说过，群体并不理性，也说过他们对观念要么全盘接受要么完全拒绝。对他们进行的那些暗示会侵入到他们的整个思想领域，使他们立即就想要把这些暗示变成行动。我们还说明了，受到适当影响的群体时刻准备着为自己所信奉的理想牺牲自己。我们也看到，他们只具有狂暴和极端的情绪，在他们所处的情况下，同情很快就会变成崇拜，而厌恶几乎从产生的那一刻起，就变成仇恨。这些常规性的解释，已经让我们对群体信仰的性质有了些了解。

当我们对这些信仰进行更进一步的考察的时候，不论是在以狂热的宗教信仰为标志的时代，还是在那些发生了政治大动荡的时代——例如20世纪——可以发现的一点是，它们总是呈现出一种独特的形式，我除了把它称为宗教情感之外，再找不出其他比这更好的称呼了。

这种情感具有非常简单的特征，比如对一个想象中的高高在上者的崇拜、对他的权力的畏惧、盲目服从他的指令、不敢讨论他的教义、传播这种教义的渴望、倾向于把不接受他的所有人都视为仇敌。这样一种情感不管是用到一个无形的上帝身上、一具木刻或者石刻的偶像上，还是用到某个英雄身上或者政治概念上，只要表现出了上述的特征，其本质便总也离不开宗教的范畴。超自然和奇迹呈现出了同样的情况。群体无意识地把某种神秘的力量赋予政治原则或者获胜的领袖，只要这些东西在当时激发出了他们的热情。

一个人在他仅是崇拜某个神的时候，还算不上虔诚，但是当他把自己所有的思想资源、彻底归顺的精神意志、全身心的狂热激情，全部奉献给一项事业或一个人，并将其作为他全部思想和行动的目标与指南的时候，他就真的虔诚了。

偏执与狂妄是宗教情感必然的伴侣。那些自信拥有世俗的或者永恒的幸福秘密的人，不可避免地都会表现出这些特征来。这两种特征也会在所有因受到某种信仰的激励而聚集在一起的群体中表现出来。恐怖统治时期的雅各宾党人，骨子里就像宗教法庭时代的天主教徒一样虔诚，他们残暴的激情也存在着同样的根源。

群体的信仰呈现出盲目的顺从、极端的偏执以及对狂热宣传的需要等这些宗教情感所固有的特征，也就是出于这个理由，我们可以说他们的一切信念都具有某种宗教的形式。受到某个群体拥戴的英雄就是这个群体中一个货真价实的神。拿破仑当了 15 年这样的神，他比任何神都拥有更多的忠实崇拜者和把人送上黄泉路的便利条件。基督教的神和异教徒的神对被他们玩弄于股掌之间的那些生灵，也从未能实施过如此绝对的掌控。

所有宗教或政治信条的创立者之所以能够立住脚，仅仅只是由于他们成功地激起了群众那些想入非非的感情，这些感情使群众在崇拜和服从中找到了自己的幸福，而且随时准备好了为自己的偶像奉献上他们的生命。这在任何时代都概无例外。甫斯特尔·德·库朗热（Fustel de Coulanges）在论述罗马高卢人的杰作中很中肯地说到，维系罗马帝国的绝不是武力，而是它所激发出的一种虔诚的赞美之情。他很肯定地写道："一种在民众中受到憎恶的统治形式竟能维持了五个世纪之久，这在世界历史上是绝无仅有的现象……帝国的30个军团居然就能让上亿人俯首帖耳，这简直是不可思议。"他们顺从的原因在于，皇帝是罗马帝国伟大之处的人格化象征，他就像神一样受到了全体人民的一致崇拜。在他的疆域之内，即使最小的城镇也设有膜拜皇帝的祭坛。"在那些日子里，从帝国的一端到另一端，到处都可以看到一种新宗教的兴起，这个宗教的神就是皇帝本人。在基督教出现之前的许多年里，由60座城市所构成的整个高卢地区，无一例外地建起了和里昂城附近的一座庙宇相似的神庙供奉奥古斯都皇帝……其祭司由高卢城市联盟选派，同时也是当地的首脑人物……我们不可能把这一切都归结为畏惧和奴性。整个民族不会卑躬屈膝，尤其不可能长达三个世纪之久。崇拜君主的并不是那些廷臣，而是罗马人，而且不仅仅是罗马人，还有高卢人、西班牙人、希腊人和亚细亚人。”

今天，大多数支配着人们思想的大人物不再拥有圣坛，但是，他们有雕像，或者有崇拜者手里捧着他们的画像，以他们为对象的崇拜行为与他们的前辈所得到的并没有什么显著的差异。只有通过对群体心理这个基本问题进行彻底的研究，才能够理解历史的本质。在其他的所有要求之前，群众首先需要一个神。

千万不要以为这些都是过去时代的迷信，而且理性肯定已经把这些迷信彻底清除了。在与理性永恒的冲突中，感情从来就没有失过手。群众固然不再能够听到神或宗教这样的词语，他们曾经长期地被这样的名称奴役。但是，在过去一百年间，他们从来没有拥有过如此众多的崇拜对象，而且过去的神也从来没有拥有过如此众多的供奉他们的塑像和神坛。那些在近年研究过群众运动的人知道，打着布朗热主义的旗号，你就能看到群众的宗教本能是多么容易复活。在任何一家乡村小酒馆里，都会悬挂英雄的画像。他被赋予匡扶正义、铲除邪恶的权力，成千上万的人会为他献出自己的生命。只要他的人格与他传奇般的名望能够匹配，那他在历史上的地位就应该是很伟大的。

因而，信誓旦旦地说宗教对于群众是必不可少的这种话，完全就是毫无用处的老生常谈，因为所有的政治学说、神学理论以及社会信条，如果想要在群众中扎根，都必须呈现出宗教的形式——一种能够排除讨论这个危险的形式。即便有可能诱使大众接受无神论，这种信念也会表现出宗教情感中的各种狂热的偏执，而且从它的外部形态看很快就会成为一种崇拜。实证主义者这个小宗派的演变，为我们提供了一个奇妙的有力证据。虚无主义者的故事总是与陀思妥耶夫斯基（Dostoyevsky）这位大思想家有着千丝万缕的联系，那些在他们的身上发生过的事情，很快也在实证主义者身上发生了。某一天，他被理性之光照亮，打破了教堂祭坛上供奉的所有的神和圣人的像，灭掉了蜡烛，没容自己缓一口气，他立刻用无神论哲学家，如毕希纳（Buchner）和莫勒朔特（Moleschott）的著作替代那些被砸碎的东西，做完这些之后，他又虔诚地重新点燃了蜡烛。他的宗教信仰的对象改变了，但是否就真的可以说他的宗教情感也变了呢?

我要再重复一遍，除非我们考察群体信仰在长期所呈现出来的宗教形式，否则我们就不可能理解某些历史事件——而这些事件肯定都是最重要的。在对这些现象的研究过程中，需要从心理学的角度入手的情况要远多于从自然学的角度入手的情况。伟大的历史学家泰纳只从自然学的角度研究法国大革命，从这个方面说，很多事件真正的起因往往逃过了他的视线。他很充分地观察了各种事实，然而从对群体心理学研究缺失的这个方面看，他并不总是能够找出它们的起因。这些事实以血腥、混乱和残忍的一面让他感到震惊，但是他从那部伟大戏剧的主角身上，几乎只看到了一群疯狂的野蛮人肆意妄为，以及对自己的本能没有丝毫的约束。法国大革命的暴力、滥杀无辜、对宣传的需要、向一切事物的宣战，只有通过反思这场革命，认识到它只不过是在群众中建立起一种新的宗教信仰，才能给出合理的解释。宗教改革、圣巴托罗缪大屠杀、法国宗教战争、宗教法庭、恐怖时期，都属于同类的现象，都是受宗教情感驱动的群众所为，这种情感带领那些沉浸在这种情感中的人，毫不留情地用火与剑清除那些阻碍新信仰建立的人。宗教法庭的方式，是那种有着纯洁而坚定信仰的所有人的方式。要是他们诉诸别的方式，那么他们的信仰就算不上信仰了。

类似于我刚才提到的那些情况，只有群众的热情引发它们的时候，它们的发生才会成为可能。即使最绝对的暴君也无法让它们发生。当历史学家告诉我们圣巴托罗缪大屠杀是一个国王的杰作的时候，他们自己对群体心理学表现出的无知与对君主统治的无知一样令人汗颜。这种命令只能由群体的热情来贯彻。握有绝对权力的最专制的君主，充其量只能加快或延缓其显现的时间。说圣巴托罗缪大屠杀或者说宗教战争不是国王们所为，就像说恐怖统治不是罗伯斯庇尔（Robespierre）、丹东（Danton）或圣鞠斯特（Saint Just）所为一样。在这些事件的深处，总是可以发现群众热情的作用，从来也没有统治者权力的影子。

第二卷
群体的意见和信念

第一章
群体意见和信念中的间接因素

提要

群体信念的预备性因素：

1. 种族。它发挥着至关重要的影响。

2. 传统。传统是种族精神的综合反映——传统的社会意义——它在失去必要性之后会成为有害因素——群体是传统思想最坚定的维护者。

3. 时间。它在信念的建立和随后的毁灭中相继发挥着作用——正是在这个因素的帮助下，社会可以从无序走向有序。

4. 政治制度和社会制度。错误的认识——它们的影响力极其弱小——它们是果，不是因——各民族没有能力选择看起来最适合他们的制度——制度是一种被最不相干的东西掩盖在同一个名称下面的标签——制度是如何建立起来的——某些制度从理论上看并不好，比如某些国家的中央集权制。

5. 教育。主流思想中教育影响群众的错误观点——统计学的说明——拉丁人的教育体系对道德的破坏作用——教化能够起到的作用——各个民族所提供的事例。

在研究过群体的精神结构，了解了他们的情感、思想和推理方式之后，现在让我们来看看他们的意见和信念是如何产生并确立起来的。

决定着这些意见和信念的因素分为两类：间接因素和直接因素。

间接因素是那些能让群体接受某些信仰，并且使其难以接受其他信仰的因素。这些因素为以下情况的出现提供了基础：群体会突然冒出来某些新观念，这些观念的力量和结果都是令人吃惊的，尽管它们从表面上看起来是自发的。在群体中，某些观念的爆发并被付诸行动，很多时候都会呈现出令人惊异的突然性。但这只是一种表面现象，在它背后肯定能够找到一种持续时间很长而且是预备性的力量。

直接因素是能够对群体进行实际说服的资源，它们在上述长期的预备性工作的基础上出现，如果没有这个基础的存在，它们也不可能有什么结果。这就是说，它们是使观念成型并且让它产生出全部结果的因素。让群众突然变得群情激愤起来的那些决议，就是由这些直接因素引起的，正是由于它们，一次骚乱爆发了，一场罢工决定了，甚至绝大多数民众授予了某人去推翻一个政府的权力。

这两种因素相继发挥作用，在所有的重大历史事件中都可以找得到。仅以一个最令人震惊的事件为例，法国大革命的间接因素包括哲学家的著作、贵族的巧取豪夺以及科学思想的进步。经过这样的准备之后，群众的思想便很容易被演说家的演讲以及政府用无关痛痒的改良进行的抵制所唤醒。

在间接因素中，有些具有普遍性，人们发现它们是支撑群体所有意见和信念的基础。这些因素就是种族、传统、时间、制度和教育。

现在我们就着手研究一下这些不同因素的影响。

1. 种族

种族因素必须被列在第一位，因为就其本身来说，其重要性远远超过其他任何因素。我在上一本著作[①]中已经对它做过充分的研究，因此无须旧话重提。在上一本著作中，我们说明了历史上的种族有什么特性，而且还说到，它的特性一旦形成，作为遗传规律的结果，它就拥有如此的力量：它的信仰、制度和艺术——总而言之一句话，它的文明中的所有成分——都只能算是它气质的外在表现。我们说明了种族的力量具备这样的特点：要是不经历巨大的变化，就没有任何

① 译者注：《民族进化的心理定律》（*The Psychological Law of the Evolution of Peoples*）。

要素能够从一个民族传递给另一个民族。[①]

自然环境、社会环境和各种事件代表着当时的社会暗示性因素。它们可能具有相当大的影响力，但这种影响如果与种族的暗示性因素——也就是由他们的老祖先传承下来的那些因素——相背，它们便只能是暂时性的。

我们将会在本书的好几个章节里再次涉及种族的影响，并且说明，这种影响是如此强大，它主宰着群体气质的特征。按照这个事实推断，不同国家的群体表现出了不同的信念和行为，而且不会以相同的方式受到影响。

2. 传统

传统代表着过去的思想、欲望和情感，它们是由种族的综合作用产生，并在我们身上施加了巨大的影响。

自从胚胎学证明了过去的时间对生物进化的巨大影响以后，生物学的面貌便焕然一新了。当这个理论变得更加广为人知的时候，历史学经历的变化也会类似。由于目前它的普及程度还不够广泛，许多政客仍然不比20世纪的学究高明多少，他们相信社会可以彻底断绝与过去之间的联系，完全按

① 这个论点仍然非常有新意，而且没有它历史还是很难解释。我在上一本著作中用四章的篇幅来证明它。读者可以从这个论点中看到，尽管表面上看起来不太合理，语言、宗教、艺术等文明的所有元素，都不可能完整地从一个民族传递给另外的民族。

照理性之光指引的道路彻底重铸未来。

民族是由过去的时间创建出来的一个有机体，因此就像其他任何有机体一样，只能通过缓慢的遗传积累过程发生变化。

主宰着人类的是传统，当他们成为群体时，更是如此。他们能够轻而易举地在传统中进行的变革，仅仅是一些名称和外在的形式，这一点我一再提到。

这种状况也没有什么可遗憾的。脱离了传统，不管是民族的气质还是文明都不可能存在。因此自有人类以来，人类的两大关注点就是：一、建立某种传统结构；二、当有益的成果消耗殆尽之时，再致力摧毁这种传统。没有传统，文明的出现是不可能的，但是，不打破这些传统，文明的进步也是不可能的。困难——而且是极严重的困难——是怎样在稳定与求变之间找到平衡。如果一个民族让自己的习俗变得过于根深蒂固，它就不再可能发生变革，也就没有了改进的能力，中国就是一个很好的例子。在这种情况下，暴力革命也不见得有什么好处。因为所出现的情况是：要么那些被打碎的锁链又被重新拼接在一起，重新退回到过去的日子；要么是对被打碎的一切撒手不管，混乱无序很快就变成民不聊生。

因此，对一个民族来说，理想的状态是保留过去的制度，只用令人不易察觉的方式一点一滴地进行改变。这种想法实现起来很困难。能将这种想法变成现实的，几乎只有古代的罗马人和近代的英国人。

死抱着传统观念不放，极其顽固地反对变革的，正是群体。有地产的群体更是如此。我一贯认为群体具有保守主义精神，并且已经说明了最狂暴的反叛也只会在名称的变化中收场。19 世纪末，教堂被毁，教士们或是被驱逐出国，或是殒命于断头台，人们或许会认为旧日的宗教思想已经日薄西山，然而，没过几年时间，为了顺应民众的要求，已经被废黜的公共礼拜制度便又建立起来了。[①]

一度被取消的旧传统又恢复了昔日的影响力。

再也找不出更好的例子来反映传统的力量对群体心态的影响了。最厉害的偶像并不是位于庙堂之上，也不是宫廷里那些最专制的暴君，他们都会在顷刻之间被人打碎。但是，那些统治着我们内心最深处的、自我的、无形的主宰，它可以安然地避开反叛的所有打击，只会对几个世纪的时

① 泰纳引用的富克鲁瓦（Fourcroy）这位前主流派人士的报告，对于这一点说得很清楚："随处可见的保留礼拜日和上教堂礼拜的现象，证明了绝大部分的法国人都迫切期望退回他们过去的习俗中，也证明了抵制这种自然倾向的不合时宜……绝大部分人都迫切需要宗教、公共礼拜和牧师。某些当代的哲学家认为通过教育的普及可能会摧毁宗教迷信，我自己也一度受到这种误导，这种想法其实是完全错误的……因而，应该允许人民大众有牧师、祭坛以及公共礼拜。"

光的腐蚀低头。

3. 时间

在社会学领域，就像在生物学领域一样，时间是最有力量的因素之一。它是唯一的真正创造者和伟大毁灭者。时间可以把沙粒堆成高山，并且把地质时代里的模糊难辨的细胞培养成人类。数百年的作用足以改变任何特定的现象。人们已经准确地认识到，如果有充足的时间，蚂蚁可以把勃朗峰（Mont Blanc）夷为平地。如果谁掌握了随心所欲改变时间的魔力，他便具有了信徒赋予上帝的权力。

不过，这里我们只论述时间对群体形成意见的影响。从这个角度看，它的作用也是巨大的。一些重大的要素，譬如种族，也依赖于它，没有它，这些要素自身都无法形成。它是使一切信仰诞生、成长和死亡的原因。在时间的帮助下，它们获得了力量，而且也是在时间的作用下，它们失去了力量。

具体而言，时间形成群体的意见和信念，或者说它至少是为意见和信念的产生提供了土壤。这就是为什么某些思想在一个时代能够实现，而在另一个时代不能实现的原因。时间累积了浩如烟海的信仰和思想的碎片，从而能让某个特定时代产生出它的思想。这些思想的出现并不是全凭运气，它们都具有悠久的历史渊源。当它们开花的时候，是时间为它们做好了准备。要想了解它们的起源，总是需要回到遥远的过去，而艰难的探寻是必不可少的。它们既是过去的儿女，又是未来的母亲，但是，始终是时间的奴隶。

因此，时间是我们真正的主人，让它自由发挥作用，就足以见证沧海桑田。在当今这个时代，我们深深忧虑于大众那种令人恐惧的远大志向，以及由此带来的各种破坏和骚乱。除了时间，没有任何方法可以看到重新恢复的平衡。拉维斯（Lavisse）先生很令人信服地写道："没有哪种统治形式是在一夜之间建立起来的。政治和社会组织是需要花几个世纪打造的产物。封建体制在建立起它的法典之前，经历了几个世纪没有定型的混乱状态，绝对君权也是存在了几个世纪之后，才找到了合适的统治方式，这些满怀期待的时期是极端困难的。"

4. 政治制度和社会制度

制度可以对社会存在的不足进行补救、国民的进步是改善制度和统治带来的结果、社会变革可以通过各种法令来实现——我认为，这样的理论仍然获得了普遍的接受。它是法国大革命的起点，而且当今的各种社会学说也是建立在它的基础之上。

最持久的经验都没有能动摇这个严重的谬论。哲学家和史学家们的呕心沥血也没有能够证明它的荒谬，不过他们在证明各种制度是思想、感情和习俗的产物时却没有遇到任何的困难，而思想、感情和习俗并不会因为法典的改写而被一并改写。一个民族在选择自己的制度时，并不会比选择自己的头发或者眼睛的颜色更随心所欲。制度和政府都是种族的产物。它们并不是某个时代的缔造者，而是由这个时代所缔造。对各个民族的统治并不是根据他们当时的奇思妙想，而是因为他们的特性决定了他们需要被统治。一种政治制度的形成需要几个世纪，改变它同样也需要几个世纪。制度并没有什么优点可言，就其本身而言，它们无所谓好也无所谓坏。在某个特定的时刻对一个特定民族堪称优越的制度，对另一个民族也许是极为有害的。

进一步说，一个民族根本没有能力真正地去改变其各种制度。毋庸置疑，以暴力革命为代价，他可以改变它们的名称，但其本质依然如故。名称只是一些没有意义的符号，对于那些深入到事物深处的历史学家来说，很少需要费心去留意。正是因为如此——举个例子说——英格兰这个世界上最民主的国家[1]仍然生活在君主制的体制里，而那些最残暴的专制主义泛滥的国家，却是西班牙属下的某个共和国，尽管它们制定了共和制的宪法。决定各民族的命运的是他们的特性，而不是他们的政府。我已经在上一本著作中，通过提出明确的事例来论证了这一观点。

因此，在炮制那种千篇一律的宪法上面浪费时间，是一种幼稚的行为，是无知的修辞学家的无效劳动。我们应该明智地让必要性和时间这两个因素发挥作用，它们将承担起精心完善宪法的责任。这就是盎格鲁－撒克逊人所采取的做法，正像他们伟大的史学家麦考利（Macaulay）在一篇文章中教导我们的，所有南美洲国家的政客们应当用心学习这种方法。他提出，法律所能取得的所有好处，从纯粹理性的角度看，就是呈现出荒谬和矛盾。他又对拉丁人在动乱中制定出来的宪法与英国的宪法进行了比较，并且指出，后者只是一点一滴非常缓慢地在紧迫需要的影响下进行变革，从来没有通过任何思辨性的推理过程。

① 连那些最先进的实行共和体制的国家，甚至包括美国，也都认可这个事实。一本叫《论坛》（*The Forum*）的美国杂志最近对这种说法给出了明确的表述，我从 1894 年 12 月刊的那期《对评论的评论》（*Review of Reviews*）上摘抄于此：“不应该忘记，甚至那些贵族统治者最坚决的敌人也不应该忘记，英格兰是当今普天下最民主的国家，在这个国家里，个人的权利得到了最大的尊重，而且个人在这个国家拥有最大的自由。”

> 根本不考虑对称的问题，更多考虑的是方便；从来不仅仅因为它是一种不合常理的情况而取消不合常理的规定；除非民怨已经出现，否则从来不做变革；除非为了平息民怨，否则从来不做革新；从来不制定范围超出具体事例所需内容的任何提案。这些就是从约翰国王时代到维多利亚女王时代以来，一直从总体上指导着我们的250届国会谨慎小心从事的原则。

也许有必要把每一个民族的法律和制度一条一条地拿出来，看看它们在多大程度上是各民族所需要的，而且出于这个理由，不能对它们进行剧烈的改变。比如，对中央集权制的优点和缺点，有可能会沉湎于哲学意义上的争论。但是，当我们看到一个由不同种族构成的国家用了上千年的努力来维护这种中央集权制，当我们看到一场致力摧毁过去一切制度的大革命也不得不尊重这种中央集权制，甚至进一步强化它的时候，我们就该承认它是迫切需要所带来的产物，承认它是这个民族继续存在的条件，而且，我们应当鄙视那些奢谈打碎这种制度的政客，对他们可怜的智力水平报以怜悯。要是他们碰巧在这次尝试中获得了成功，他们的成功顷刻间就成为一场残酷内战的信号，[①]这马上又会带回一种远比旧政权更不公平的新的中央集权体制。

从以上所述中可以得出的结论是，能够深刻影响群体气质的手段，不是在制度中寻找。当我们看到某些国家，譬如美国，在民主制度下达到了高度的繁荣，与此同时的另一些国家，譬如那些南美洲的共和国，在极为相似的体制下，却生活在一种可悲的混乱状态之中，我们就应当承认，这些体制与一个民族的伟大和另一个民族的衰败都是毫不相干的。各民族受到了他们自己特性的统治，所有不是严格按照这种特性打造的模式，都只是一件借来的外套，一种暂时的伪装。毫无疑问，血腥战争和暴力革命一直都在发生，而且还会继续发生，人们把各种制度强加给他们想推行的民族。就像对待圣人的遗骸一样，他们同时也赋予了这些制度创造幸福的超自然力量。因而，从某种意义上可以说，也是由于制度影响了群体的思想，这些制度才引发了如此的大动荡。然而，其实以这种方式产生影响的并不是制度，因为我们知

① 影响深远的宗教纷争和政治纷争在法国形成各种不同的独立派别，那些社会问题所导致的结果尤其如此，还有在大革命的时候所显露出来的分裂主义倾向，在法德战争结束的时候开始出现，如果对这些宗教纷争和政治纷争进行一个比较，我们就会看到，生活在法国的不同种族远还没有达到完全融合的程度。大革命强力的中央集权以及为了融合各个古老封地而人为组建的部门的出现当然是这次革命最有益的贡献。要是今天那些缺乏远见的人鬼迷心窍地追求的分权制得以实现，随之而来的后果可能就是最血腥的混乱。谁忽略了这个事实，谁就不能认识完整的法国历史。

道，不管成功还是失败，它们自己本身并没有什么好处。影响群众思想的是各种幻觉和语言，尤其是语言，它们就像拥有了魔力一样强大无比，对于它们惊人的魔力我们将会做些简单的说明。

5. 教育

在当代的主流思想中，人们普遍认为教育能够极大地改造人，而且能够提升他们的素质，甚至在使他们变得平等方面，教育也能够取得效果。仅仅是不断地重复这个事实，就足以让这个观念最终成为最牢固的民主信条。如今要想攻击它，就像过去攻击教会一样困难。

然而，在这个问题上，就像在许多其他问题上一样，民主思想与心理学和经验得出的结论有着天壤之别。包括赫伯特·斯宾塞（Herbert Spencer）在内的许多杰出的哲学家，已经毫不费力地证明，教育既不会让人变得更有操守，也不会让他更幸福；既不能改变他的本能，也不能改变他所遗传的激情，而且在很多时候——仅需要进行不良引导即可——它的危害远大于益处。统计学家已经为这种观点提供了佐证，他们告诉我们，犯罪随着教育——或者某种教育类型的普及而增加，而且，社会最大的敌人——无政府主义者——是在学校获奖者名单中赫然在列的。一位杰出的地方法官阿道夫·吉约（Adolphe Guillot）先生在他最近的一本著作里公布了他的研究成果，目前，每1000个文盲罪犯对应的是3000个受过教育的罪犯，而且在50年的时间里，犯罪人数在总人口中所占的比例从每10万居民227人上升到了552人，也就是增长了133%。他也像他的同事一样注意到犯罪率的增长在年轻人里尤其严重，而人尽皆知的是，在法国，为了他们的利益，政府已经用免费义务制的学校教育取代了交费制。

可以肯定的是，并不是说正确引导的教育也不会产生非常有益的实际结果——没有谁会坚持这种说法——就算它不会提升道德的标准，至少也会促进专业能力的发展。不幸的是，尤其在过去的25年里，拉丁人把教育制度建立在了十分错误的原则上，尽管那些最杰出的思想家，诸如布吕尔（Bréal）、甫斯特尔·德·库朗热（Fustel de Coulange）、泰纳（Taine）等许多人都提出了看法，但是他们还是坚持那种可悲的错误。我本人在过去出版的一本书中也指出，法国的教育制度把多数受过这种教育的人变成社会的敌人，为那些最糟糕的社会模式培养了无数的追随者。

这种教育体制可能很符合拉丁人的要求，它的主要危险来自这样一个事实：它建立在根本错误的心理学基础上，认为智力是通过用心学好教科书得以发展的。接受了这种观点，人们便竭力强化尽可能多的手册中的知识。从进入小学一直到离开大学，一个年轻人一心只是死记硬背书本知识，他的判断力和个人主动性从来派不上用场，教育对于他来说就是背诵和服从。

前公共教育部长朱勒·西蒙（Jules Simon）先生写道："学习课程，把一种语法或一篇纲要牢记在心，好好重复，好好模仿——这实在是非常荒唐的教育方式，它的每一项努力都是一种信仰行为，理所当然地认为教师绝对不可能犯错误。这种教育绝无仅有的结果，就是对我们自己的贬低，并且反映出我们的无能。"

如果这种教育仅仅只是没有什么用的话，人们应该会对孩子们表示一下同情，他们虽没有能够在小学里学习一些必要的知识，毕竟被灌输了科劳泰尔（Clotaire）后裔的族谱、纽斯特里亚（Neustria）和奥斯特拉西亚（Austrasia）之间的冲突和动物分类这样的知识。但是这种制度表现出了非常可怕的危险性。它让那些屈从于它的人强烈地厌恶自己与生俱来的那种生活状态，非常想逃之夭夭。工人不想继续当工人，农民不想继续当农民，而中产阶级中地位最卑贱的成员认为，除了吃国家公职人员这碗饭以外，不准备让他们的儿子从事其他任何的职业。法国的学校不是教人们为生活做好准备，而是让他们为占据政府的公职做准备，在这个行当上获得成功，不需要任何自我引导的要求，也不用表现出丝毫的个人主动性。这种制度在社会的最底层打造了一支无产阶级大军，他们对自己的命运愤愤不平，总是准备着起来造反。与此同时，在最高层，它形成了一群轻浮的资产阶级，他们多疑而又轻信，对国家持有着迷信般的信任，把它看成是天道，却又时时不忘对它表示出一种无休止的敌意，总是把自己的过错留给政府解决，而且，离开了当局的干预，他们便举步维艰。

国家借助教科书批量制造出这么多持有文凭的人，然而它能够使用的只是其中的一小部分，于是只好让另外一些人无所事事。其结果是，它不得不把自己陷进这种两难的局面，好吃好喝地供奉着前者，把后者都变成国家的敌人。从社会金字塔的最高层到最低层，从最卑贱的小秘书到教授和行政首长，大量手持耀眼文凭的人虎视眈眈地盯着各个政府部门的各个职位。商人很难找到一个在殖民地替他处理生意的代理人，成千上万个候选人却在眼巴巴地乞望着最低等的官差。光是塞纳（Seine）一个地区，就有 20000 名男女教师失业，他们全都看不起农田和工厂，只想着依靠国家解决他们的生计。有幸拿到聘书的人数是有严格限制的，这就意味着怨气必然是巨大的。后者随时都会做好参与任何革命的准备，根本不管谁是领头的，也不管目标是什么。我们发现，掌握一些派不上用场的知识，是促使人们造反的一种确定无疑的方式。[①]

要想收回我们的脚步显然为时已晚，只有经验这位人民最好的老师才会竭尽全力把我们的错误呈现出来。只有它具有足够强大的力量，能够证明我们有必要废除那些令人作呕的教科书和令人鄙夷的考试，代之以最有效的教育，能够劝导我们的年轻人回到田野和工厂，回到殖民地企业——这是他们今天不惜任何代价想要逃避的地方。

所有有识之士现在所呼吁的职业教育，就是我们祖辈在过去所接受的教育。今天，在那些凭自己意志的力量、敢为人先和创业精神统治世界的民族中，这种教育依然充

① 另外，这种现象并不是拉丁人所独有的，在中国也能够观察到，那也是一个政权掌握在稳固的官僚集团手里的国家，那里获得功名的手段也像法国一样是靠竞争性的考试，它唯一考查的是对大量典籍的吟诵。受过教育的失业大军在当今的中国被看成是真正的国家灾难。在印度也是同样的情况，由于英国人在那里开办了学校，并不是像在英国本土一样出于培养的目的，而只是简单地为当地居民提供教育，因此在那里已经形成一个特殊的受过教育人员的阶层——先生（Baboo），当这些人没有找到工作的时候，他们就成为英国统治者水火不容的敌人。对于所有的先生来说，无论获得工作机会与否，他们受到的教育的首要效果就是降低了他们的道德水准。这是一个我在拙作《印度的文明》（*The Civilisation of India*）中花了很大篇幅进行阐述的事实，这同时也是所有访问过这个伟大半岛的作家们都看到了的事实。

满活力。泰纳先生这位伟大的思想家在一系列杰作中——其中一些重要的段落我还会更多地引用——清楚地说明了，与我们过去的教育制度非常类似的制度，在今天的英国和美国正大行其道，而且他在对拉丁人和盎格鲁－撒克逊人的制度不同寻常的比较中，很直接地给出了这两种方式的结果。

在紧要关头，有人或许会认为，应该继续接受我们主流教育中的全部弊端，尽管它只能培养出心怀不满和不适应自己生活状况的人，但是，获取了大量浅薄的知识，不出差错地背诵如此大量的教科书，毕竟能够提高智力水平。但是，它真的提高了智力水平吗？不可能！生活中取得成功的条件是拥有判断力、经验、开拓精神和个性——这些素质都不是书本能够带来的。书本是字典，查询的时候是有用的，但是一个人的大脑里塞得太多的话就完全没有用了。

如何能让职业教育开发智力，使其大大超越主流教育能够达到的水平呢？泰纳先生对此已经做了很好的说明，他说：

思想只有在自然而且正常的环境中才能形成。要促进思想的成长，需要一个年轻人每天在工厂、矿山、法庭、书房、建筑工地和医院中获得数不胜数的感官印象，需要他目睹各种工具、材料和操作，需要他面对着顾客、工人和劳工，不管他干得是好是坏，也不管代价是昂贵的还是低廉的。通过这种方式，他获得了对视觉、听觉、触觉甚至是味觉各种细节的最细微的认知，这些都是在无意识中获得的，而且悄无声息地成长。学习者在不知不觉中了解到这些细节，默默地琢磨，在头脑中逐渐形成轮廓，并且迟早产生一些暗示，让他进行新的组合、简化、创新、改进或发明。法国年轻人却被彻底剥夺了所有这些宝贵的接触，剥夺了所有这些不可或缺的同化因素，而且正好是在他们风华正茂的年龄。因为连续有七八年的时间他一直被关在学校里，并且断绝了亲身体验的机会，而这些体验能让他们敏锐而准确地明白各种人和事，以及与他们打交道的不同方法。

……十人之中，至少有九人在几年里把他们的时间和辛苦浪费掉了，而且浪费掉的正好是美好的、重要的，甚至是决定性的那几年。在这些人中，那些把自己一生奉献给考试的人占掉了一半甚至三分之二——我这里指的是那些被淘汰了的。而那些获得学历、证书或一纸文凭的成功者占有一半或三分之二——我指的是那些过度劳累的人。对他们的要求实在过分了：在规定的某一天，坐在一把椅子上，面对一个答辩团，他们必须在连续两小时的时间里，怀着对各种科学的敬畏，现场展示出人类全部的知识。实事求是地说，在那两个小时里，他们是掌握了或者说几乎掌握了这些知识，但是一个月之后，他们便不再是这样了。他们不可能再一次通过考试。他们脑子里那些数不胜数的而且过于繁杂的知识持续不断地流失，又没有什么可以替换。他们的精神活力衰退了，他们丰富的成长能力枯竭了，一个完全成熟的人出现了，然而他通常是个筋疲力尽的人。他安定下来，娶妻生子，在一个圈子里逆来顺受地折腾，而且在同一个圈子里，他还把自己封闭在狭隘的职业中，这个工作他足以胜任，但仅此而已。这是总体平均下来的情况，可以肯定的是收支无法做到平衡。而在英国和美国，就像1789年以前的法国那样，采取了完全相反的做法，所获得的结果差不多，甚至更好。

一些著名的心理学家随之又揭示了我们的制度与盎格鲁－撒克逊人的差别。后者并没有我们那么多的专业学校。他们的教育并不是建立在书本学习的基础上，而是建立在实物教学的基础上。例如，他们的工程师从来都不是在学校里培训，而是在车间里。这种办法能够让每个人都能达到他的智力允许的极限水平。如果他不能够走得更远，他可以成为工人或领班，如果天资较高，他便会成为工程师。与让个人的前程完全取决他在19岁或20岁时一次持续几小时考试的办法相比，这种办法更加民主，对社会也更为有利。

在医院、矿山、工厂，以及建筑师或律师的办公室里，从很小便开始学艺的孩子们，按部就班地经历他们的学徒期，很像在办公室里的法律助理或者在工作室里的艺术家。过去，在实际工作正式开始之前，他有一次机会接受一些常规的而且是总结性的教育课程，以便能够准备好一个框架，把他们马上就要观察到的东西存放进去。另外，通常的情况下，他还可以利用自己的空闲时间去学习各种技能课程，以此很好地逐渐协调好他正在积累起来的日常经验。在这种制度下，实践的能力与学生的各种才能完全同步地得到了提高和发展，而且发展方向也符合他未来的职业和特定工作的要求，这些工作也是他从此以后一直希望从事的。通过这样的方式，在英国或美国，一个年轻人很快便处在能够尽最大限度发挥自己能力的位置上。到他 25 岁的时候——而且如果各种材料和部件都能够到位还会更早一些——他不仅只是一个有用的执行者，而且同时也具备了自主创业的能力；他不只是机器上的一个零件，而且还是个发动机。而法国盛行着与此完全相反的制度——在法国，一代又一代人前仆后继地堕落——浪费掉的人力汇总起来看是非常巨大的。

在谈到我们拉丁人的教育制度与现实生活的要求不相适应甚至持续增大这个问题的时候，这位伟大的哲学家得出了如下结论：

在教育的三个阶段，即儿童期、少年期和青年期，从考试、学历、文凭和证书的角度看，在学校的课桌上通过书籍所做的理论和教学的准备是拖得太长了，而且代价也太大了。即使只从这个角度看问题，还采用了最糟糕的做法、应用了一种非自然的并且反社会的制度。过分地推延实际的学徒期，寄希望于我们的寄宿学校体制，不切实际的训练和机械的填鸭式教学，过重的功课，不考虑后续的时间，不考虑年轻人很快将投身于其中的真实世界的情况，不考虑我们活动于其中而他必须适应或提前学会适应的社会，不考虑人类注定无法逃脱的斗争，不考虑为了保护自己并站住脚跟他得提前配置、武装、训练并且下定决心。这种不可或缺的装备，这种比任何其他东西都重要的知识掌握，这种丰富的常识、勇气和意志力，我们的学校全都没有教给法国的年轻人。不但远远没有让他获得接近真实情况以及确定的状态的资格，相反，他们让他根本就不具备这种资格。结果就是，他踏进这个世界，以及他在他的活动领域的头几个亮相，最通常的情况都只是一系列痛苦的失败，其后果就是他长期都处于伤痕累累的状态，有时候连生活的能力都丧失了。这种试验很剧烈而且很危险。在这个过程中，精神和道德的平衡受到了影响，而且面临无法重新建立的风险。太过突然而彻底的幻灭已经发生了。这种欺骗已经太离谱，失望太强烈了。[①]

我们在前面的论述是否偏离了群体心理学的主题？肯定没有。如果我们想了解那些今天正在群众中酝酿、明天将会迅速成长的各种意见和信念，就必须知道当时为其提供土壤的因素。一个国家教给年轻人的应该是那个国家将来某一天将会是什么样子的知识。为当前这一代人所提供的教育，完全能够配得上前途最黑暗的说法。群众的思想是提高了还是恶化了，部分是由于教育和培养的原因。因而有必要说明这种思想是如何由当前盛行的制度塑造出来的，以及冷漠而中立的群众是如何变成一支勇往直前心怀不满的大军，随时准备服从乌托邦分子和巧言令色者的所有暗示。正是在教室里，

① 泰纳，《现代政体》第二卷，1894。这些内容几乎是泰纳的封笔之作。它们很好地总结了这位伟大的哲学家长期的经验。遗憾的是，在我来看，它们对于我们那些没有海外生活经历的大学教授这一类的人来说完全就是天书。教育是我们可以用来在某种程度上影响一个民族的心灵的唯一方式，不得不想到法国几乎没有谁能够明白我们当前的教育体制是国家快速堕落的重要原因，这是极度令人伤心的，这种体制不是提升我们的年轻人，反而是让他们下降和堕落。

或许可以把泰纳的著作和最近由保罗·布尔热（Paul Bourget）先生在他的杰作《海外省》（*Outre—Mer*）中对美国教育的观察进行一个比较。他也注意到我们的教育只会生产出缺乏主动性和意志力的心胸狭隘的资产阶级，或者无政府主义者——“这两种同样有害的文明人类型，他们堕落为只会说些无用的陈词滥调，或者做些疯狂的破坏”——他也对我们的法国公立学校那种制造退化的工厂与为让一个人更好地走向社会做好充分准备的美国学校之间的差异进行了对比，我认为这个问题很值得深思。在真正民主的国家和那些只把民主挂在口头而绝不会进入到它们的思想里的国家之间存在的鸿沟，在这个比较中清楚地体现出来了。

人们能够找到现在的这些社会主义者和无政府主义者，而且也正是在教室里，人们正在为各个拉丁人的群体走向衰败铺平道路。

第二章

群体意见的直接因素

提要

1. 形象、言辞和套话。言辞和套话的神奇力量——言辞的力量与它所唤起的形象密切相关，与它真正的含义无关——这些形象因年代和种族的不同而不同——常用言辞语意差异巨大的例子——当言辞被赋予的语意给群众造成了不好的印象的时候，用新的名称命名旧事物的政治效用——种族差别造成的语意差异——“民主”一词在欧洲和美国的不同含义。

2. 幻觉。幻觉的重要性——在所有文明的起源中都能发现幻觉的存在——幻觉的社会必要性——

群体更喜欢幻觉而不是真理。

3. 经验。能够使真理在群体心中扎根的只有经验——经验只有在不断地重复的条件下才能生效——说服群体必须付出的经验代价。

4. 理性。它对群体没有任何影响——群体只受无意识情感的影响——逻辑在历史中的作用——不可思议事件的隐秘原因。

我们刚刚已经讨论了那些赋予群体心理以特别的属性，使某些感情和思想可以成长的间接性的、预备性的因素。我们现在还得研究那些能够直接发挥作用的因素。在接下来的这一章里我们会看到，为了让这些因素发挥出全部的作用，应当如何运用它们。

我们在本书的开头部分研究过群体的情感、思想和推理方式，根据所掌握的这些知识，显然可以归纳出一些影响群体心理的普遍性的方法。我们已经知道什么事情会刺激群体的想象力，也了解了暗示的力量和传染的过程，特别是那些以形象的形式出现的暗示。然而，就像暗示可能存在完全不同的来源，对群体心理产生影响的因素也会存在相当大的差异。因而，有必要对它们分别进行研究，这不是毫无用处的研究。群体在某种情况下就像古代神话中的斯芬克司，必须对他们的心理学问题给出一个解决方案，否则就只能被他们吞噬。

1. 形象、言辞和套话

我们在研究群体的想象力时发现，它们容易被形象产生的印象影响。这些形象并不总是随时都有的，但是可以通过一些言辞或套话，让它们变得栩栩如生。经过艺术处理之后，它们确实具备了由魔术大师赋予的神秘力量。它们在群体心中掀起最可怕的风暴，反过来说，它们也能平息风暴。只需用葬身于各种言辞和套话之下的受害者的尸骨，就能建造一座比古老的胡夫（Cheops）更高的金字塔。

言辞的力量与它们产生的形象密切相关，同时又非常独立于它们的真实含义。定义最模糊的言辞，有时影响反而最大。例如像民主、社会主义、平等、自由等词语，它们的含义极为模糊，即使用海量的篇幅也不足以准确地描述。然而，可以肯定，这几个简短的词语的确有着神奇的威力，它们似乎包含了所有问题的解决方案。它们集中了各不相同的无意识的渴望以及实现的期望。

说理和论证无法战胜某些言辞和套话。这些言辞和套话是在群体面前被一本正经地说出来的。只要一听到它，每个人都会露出肃然起敬、奉若神明的表情。它们被许多人当成是自然的力量，甚至是超自然的力量。它们在人们心中唤起宏伟壮丽而又模糊不清的形象，也正是这种模糊不清使它们具有神秘的力量。它们是藏在神龛背后的神灵，信众只能诚惶诚恐地靠近它们。

言辞唤起的形象独立于它们的含义，这些形象因时代而异，也因民族而异，不过套话却都是一样的。有些暂时的形象是和某些特定的言辞联系在一起的：言辞仅仅像是用来唤醒它们的电铃按钮。

并不是所有的言辞和套话都具有唤起形象的力量，尽管有些言辞曾经在一段时间里有过这种力量，但在使用过程中也会消失，而且不会再对群体心理产生任何影响。这时它们就变成毫无意义的声音，其主要的作用就是免除使用者思考的义务。用我们年轻时学到的少量套话和老生常谈把自己武装起来，我们便拥有了应付生活所需要的一切，再也用不着费心去进行思考。

只要对某种具体的语言进行一下研究，你就会发现组成这种语言的词语在时代进程中的变化十分缓慢，而这些词语所唤起的形象，或者人们赋予它们的含义，却不停地发生着变化。这就是为什么我会在另一本书中得出结论说，绝对准确地翻译一种语言，尤其那些死亡的语言，是完全不可能的。当我们用一句法语来取代一句拉丁语、希腊语或梵文里的句子时，或者当我们竭力想要理解一本两三百年前用我们自己的语言写成的书时，我们实际上是在做什么呢？我们不过是在用现代生活赋予我们的一些形象和思想去取代过去形成的形象和思想，这两种形象和思想表面上或者名称上可能是一样的，但是，过去的形象和思想是古代一些种族的头脑中的产物，而他们的生存条件与我们没有任何的相似之处。当大革命时代的人认为自己在照搬希腊和罗马人的时候，他们除了把从来没有存在过的含义赋予了古代的言辞之外，还能做些什么呢？

希腊人的制度与今天用对应的词语赋予的那些制度到底有什么相似之处？那个时代的共和国本质上是一种贵族体制，是由统治着一群绝对服从的奴隶的暴君相互和解后形成的。这些建立在奴隶制基础上的贵族集体统治，要是没有了奴隶制的支持，连一天也不可能存在下去。

另外，以“自由”这个词为例，在一个对思想自由想都不敢想，甚至讨论城邦的诸神、法典和习俗就是最不可饶恕的犯罪的时代，“自由”的含义与我们今天赋予它的含义有什么相似之处呢？像“祖国”这样的词，对于雅典人或斯巴达人而言，只是指雅典或斯巴达的城邦崇拜，它绝对不是指由不断相互征伐的城邦组成的全希腊。同样是“祖国”这个词，在古代高卢人中间又能意味着什么？他们分裂成水火不容的部落和种族，有着不同的语言和宗教，而且会被恺撒轻易地征服，因为恺撒总是能够从中找到自己的盟友。罗马人缔造了一个高卢人的国家，赋予了他们在政治和宗教上的统一。不必扯这么远，就说差不多两个世纪以前，“祖国”这个词的概念能够与今天那些与外国人结盟反对自己君主的法国王子们——比如像伟大的孔代（Condé）——在心里产生的概念会是一样的吗？词还是那个词，但是，对于法国皇室的流亡者来说，它的含义却大相径庭了，他们认为，他们对抗法国是遵守了荣誉法则，从他们的角度看，他们事实上确实是遵守了，因为封建制度的法律要求诸侯遵从的是主子，而不是土地，所以，君主在哪里，真正的祖国就在哪里。

那些含义随着时代的变迁而发生了深刻变化的言辞数不胜数——对这些言辞，只有在经过坚持不懈的努力之后，而且按照过去的方式才能真正理解它们。有人曾准确地说，仅仅是想正确理解诸如像“国王”“王室”这样的言辞对我们的祖辈们意味着什么，也需要做大量的研究。那些更为复杂的言辞会是什么样的情况呢？这就可想而知了。

由此可见，言辞只具有随时变化的暂时性的含义，它随着时代和民族的不同而不同。因而，当我们想要通过它们对群体施加影响的时候，必须搞清楚群体在某个时候赋予它们的含义，而不是它们过去的含义，也不可能是那些针对精神构造上存在差异的各色人等的含义。

因此，当群体因为政治动荡或信仰变化而对由某些言辞唤起的形象感到厌恶的时候，对于真正的政治家来说，首要的任务就是换个说法，当然，这个新的说法不能与那个被改型的构造联系得太紧密，这一点他们自己得亲力亲为。睿智的托克维尔（Tocqueville）很早以前就说过，执政府和帝国用新的辞藻包裹了极大部分过去的制度，这就是说，用另外的词语替换了那些会在群众的想象中激发起令人不愉快的形象的词语，用其新颖性来防止唤起这种记忆。“地租”变成了土地税；“盐赋”变成了盐税；“徭役”变成间接摊派；对商号和行会的征税变成执照费，如此等。

因此，政治家最基本的任务之一，就是用流行用语，或者至少是中性的词汇，为那些群众对其名称忍无可忍的事物命名。言辞的威力如此强大，只要选择得当，它足以使最可恶的事物改头换面，变得能被民众所接受。泰纳实事求是地指出，正是借助于“自由”和“博爱”——当时这些言辞十分流行——雅各宾党人才能够“组建起堪与达荷美（Dahomey）媲美的专制政权，组建起与宗教法庭类似的特别法庭，并且成就了与古墨西哥人相差无几的人类大屠杀”。统治者的艺术，就像律师的艺术一样，首先在于掌握驾驭言辞的学问。

这门艺术中最大的困难之处在于，就算是在同一个社会里，同样的言辞对于不同社会阶层往往具有不同的含义，从表面上看他们都在使用同样的言辞，但是说的从来都不是同一种语言。

在前面的例子中，对言辞含义的变化进行干预的因素主要是时间。然而，如果我们同时也从种族角度考虑，我们就会看到，在同一个时期，在文明程度相当但种族不同的各个民族中间，同样的言辞所对应的常常也是风马牛不相及的思想。没有行过万里路的人不可能理解这些差别，出于这个原因，我不会纠缠于这些问题上面。我只想指出，正是群众使用最多的那些言辞，在不同的民族中拥有的含义差异最大。例如，今天使用得如此频繁的“民主”和“社会主义”这两个词，就属于这种情况。

在实际的生活中，它们在拉丁人和盎格鲁－撒克逊人的心里对应的是十分对立的思想和形象。对于拉丁人来说，“民主”更多的是表示个人意志和权利要服从于以国家为代表的社会意志和权力。国家得到了掌控一切的授权，而且授权的程度越来越高，集权、垄断并制造所有的东西。国家对一切党派，不管是激进派、社会主义者还是保皇派，都具有吸引力。而在盎格鲁－撒克逊地区，尤其是在美国，同样是“民主”这个词，却完全相反地表示个人意志的极端发展，而国家要尽一切可能地服从这一发展，除了政策、军队和外交关系外，它不得支配任何事情，甚至公共教育也不例外。由此可见，同一个词，在一个民族是指个人意志和权利的从属性以及国家的优越地位，而在另一个民族，却是指个人意志的极端发展和国家的完全服从。①

2. 幻觉

自从文明的曙光出现以来，群体便一直处在幻觉的影响之下。他们为幻觉制造者建起的庙宇、塑像、祭坛多于为其他所有人所建的。不管是过去的宗教幻觉还是现在的哲学和社会幻觉，这些令人畏惧的统治力量，总是可以在我们这个星球上相继辉煌过的所有文明的源头中找到。古代巴比伦、埃及的神庙以及中世纪恢宏的宗教建筑，是为幻觉而建，一个世纪以前席卷了整个欧洲的一场大动荡，是为幻觉而起，而且，我们所有的政治、艺术和社会的概念，无一没有它们深深的烙印。有时候，人类以可怕的动乱为代

① 在我的著作《民族进化的心理定律》（The Psychological Law of the Evolution of Peoples）中，我非常详尽地强调了区别拉丁民主理想与盎格鲁－撒克逊民主理想的差异。保罗·布尔热（Paul Bourget）先生游历世界的一个成果，是在最近刚发表的著作《海外省》（Outre—Mer）里得出了几乎与我完全相同的结论。

价，能够打倒它们，然而人类似乎注定还是要把它们重新树立起来。没有它们，人类可能永远也走不出自己原始的蒙昧状态，失去了它们，人类可能很快就会重新退回到这种蒙昧状态中。毫无疑问，它们就是些无用的幻影，但是这些来自我们梦想中的产物，却使各民族创造出了无与伦比的艺术和伟大的文明。

> 如果人们毁掉了博物馆和图书馆中的那些在宗教鼓动下产生出来的所有作品，如果人们把教堂前石板路上那些在宗教鼓动下所建起的艺术纪念物统统推倒，人类伟大的梦想还会留下些什么呢？给人们留下一点希望和幻想吧，没有这些他们无法生活，这就是诸神、英雄和诗人存在的理由。在50年间，科学好像承担起了这个任务。但是在渴望理想的心灵里，科学是充满不足的，因为它不敢做出足够慷慨的承诺，因为它不能撒谎。[①]

20世纪的哲学家热衷于打破那些宗教、政治和社会幻

① 丹尼尔·勒絮尔（Daniel Lesueur）语。

想，而我们的祖辈已在这些幻想中生活了许多个世纪。毁灭了这些幻想，他们的希望和幸福的源泉也就干涸了。在放上了祭坛的那些幻想后面，哲学家们与各种盲目的和沉默的自然力量面对面地遭遇，这种力量对弱者毫不心慈手软，对悲悯者也是不理不睬。尽管哲学取得了这样或那样的进步，然而，它迄今仍没有能够给群众提供出能够让他们着迷的理想。但是，无论付出多大的代价，群众都必须拥有自己的幻想，于是他们便像昆虫寻找光亮那样，本能地转向那些他们想要什么就给什么的雄辩家。在各民族演化过程中起主要作用的因素基本上不是真理，而是谬论，今天的社会主义如此强大的原因在于，它是唯一活下来的幻想。虽然有各种科学论证，可它仍然在继续发展。它的力量主要在于一件事：其领袖都是足够无知的人，敢于为人类承诺真正大胆的幸福。今天的社会主义幻想统治着历史堆积起来的一切残骸，未来属于它。群体从不渴望真理，他们对不合胃口的证据视而不见。如果谬误诱惑他们，他们就崇拜谬误。谁能向他们提供幻想，谁就能轻易统治他们；谁摧毁他们的幻想，他们就毁灭谁。

3. 经验

经验几乎是唯一能够让真理在群众心中牢固地确立、让过于危险的幻想破灭的有效办法。然而，从这个角度说，经验必须大规模地、非常频繁地发生。通常，一代人的经验对下一代人是没用的，这就是以证实为目的而引述的历史事实没有意义的原因。它们唯一的作用就是说明，经验需要一代又一代地反复出现才能产生影响，或者，当一种谬论已经深深地植根于群众思想中的时候，经验需要一代又一代地反复出现才能成功地动摇它。

史学家毫无疑问会把我们这个世纪以及前面的世纪看作一个充斥着各种奇异试验的时代，其他任何时代都没有尝试过如此多的试验。

这些试验中最为宏大的就是法国大革命。认识到一个社会需要按照纯粹理性的要求从上到下重新打造，就必须让数百万人死于非命，欧洲会在动荡的深渊中挣扎 20 年。为了用经验向我们证明，独裁者会让拥戴他们的民族付出惨重代价，就需要在 50 年里来上两次灾难性的试验，不过，虽然试验结果明确无误，好像仍然还不是那么有说服力。第一次试验的代价是 300 万人的性命和一次入侵，第二次试验导致割让领土并在事后表明了常备军的必要性。此后不久，第三次试验几乎就要出现了，而且将来的某一天肯定会出现。要想让整个民族相信，庞大的德国军队并不像30年前普遍认为的那样，只是一支无害的国民卫队，[①]就必须来上一次让我们损失惨重的可怕战争。为了认识到贸易保护会毁掉实行这种制度的国家，就需要进行至少20年的灾难性的试验。这种例子显然不胜枚举。

4. 理性

在列举能够对群体心理产生影响的因素时，根本无须提及理性，除非是为了指出它的影响的负面价值。

我们已经说明，群体是不受推理影响的，而且只能理解用各种思想简单拼凑起来的观念。那些知道如何影响他们的演说家总是诉诸他们的感情而不是他们的推理。逻辑定律对

① 大众的舆论在这种情况下是由那些本来不是同一回事的草台班子促成的，形成的机制我之前已经解释过了。那个时期的法国国民卫队是由那些平和的店主组成的，完全缺乏纪律约束，而且不太可能严肃认真，不管其本质上是什么东西，只要拥有类似的名称，就可能引发同样的概念，并进而被看成是无害的。群众的错误时常会被他们的领导人分享，这种情况在处理与归纳有关的意见时常常发生。1867年12月31日在国会的一次讲话被奥利维耶（M.E.Ollivier）出版的一本书所引用，发表这篇讲话的这位政治家常常都紧跟群众的意见，但是从来都没有能走在他们的前面——我所指的是梯尔（Thires）先生——他宣称，普鲁士只是拥有与法国类似的国民卫队，因而无关紧要，它对与法国正规军相当的普鲁士正规军队起不到补充作用，同一位政治家对铁路对未来没有影响的预言就像断言一样言之凿凿。

群体不起作用。[①] 要让群体相信明白无误的证据，首先得完全搞清楚让他们兴奋的感情是什么，假装自己也有这些感情，然后通过基本的结合，用某些众所周知的暗示性概念尽量去改变他们的看法，尽量能够——如果需要的话——回到最开始的那个观点上，而且，最为重要的是，尽量随时随地发现那些你的演讲想要催生出的感情。这种随时根据讲话产生的效果临场不断改变措辞的必要性，从一开始就使那些预先准备的、仔细推敲的高谈阔论失去了作用。在这样的演讲中，演讲者遵循的是自己的思路而不是听众的思路，单就这一个事实而言，他的影响就烟消云散了。

讲究逻辑的头脑，惯于相信严密的推理链条，因此在向群众讲话时，无法避免会依赖这种说服方式，然而他们论据的无力总是让他们惊诧。有位逻辑学家写道："建立在三段论基础上——也就是建立在求证组合上——的正常的数学结果

① 我首次观察影响群体无须借助逻辑规则的这种现象，可以追溯到巴黎被围困的时期。有一天我看到一群群情激愤的人押着一位将军走向卢浮宫——这是当时政府的所在地，他们坚称这位将军将城防工事图卖给了普鲁士人。一名政府官员——他是非常著名的演说家——走出来接待这批群众，他们提出的要求是马上处决这名罪犯。我当时期望，这名政府官员会指出这种指责的荒谬，因为被指控的这名将军是建筑这些工事的人之一，另外，这些城防工事图在每家书店中都可以买到。让我非常震惊的是——当时我还很年轻——政府官员讲话沿的是完全不同的路数。"正义必须伸张，"演讲者掷地有声地说，同时走向罪犯，"而且毫不留情。让国民看守政府来满足你们的要求。在此期间，我们将拘押这个罪犯。"群众马上就被这个显而易见的让步安抚了，他们各自离开，而在 1 小时 15 分钟之后，那位将军也可以回家了。要是讲话的人按照逻辑进行说理，采用那种我很年幼时候想到的黑白分明的证明方式，来对待群情激愤的群众的话，他绝对会被撕成碎片。

是不容置疑的……这种不容置疑的性质，甚至无机物，只要它能够遵循求证组合的要求，也会表示认同。”这种说法毫无疑问是对的，但是，群体并不比无机物更能遵循这种组合的要求，甚至根本不能够理解它们。只要尝试一下用推理来说服那些原始的头脑——例如野蛮人和儿童——就可以理解这种论说方式的价值多么微不足道。

要想看清楚在同感情对抗的时候，理性是多么苍白无力，甚至都不必降低到原始人的水平。让我们简单回想一下，在长达几个世纪里，与最简单的逻辑都矛盾的宗教迷信是多么顽强。在将近2000年的时间里，那些最清醒的天才也在它们面前俯首称臣，只是到了近现代，才对它们的真实性进行了一些争论。中世纪和文艺复兴时代拥有很多有见识的人，但没有一个人通过理性思考，认识到自己迷信中幼稚的一面，也没有人对魔鬼的罪恶或者烧死巫师的必要性表示过丝毫的怀疑。

那么，我们是否该对群体从来不受理性的指引而遗憾呢？我们不会贸然称是。毫无疑问，由幻觉造成的激情和愚顽激发人类走上了文明之路，在这个过程中，理性没有什么帮助。这些幻觉毫无疑问是必需的，它们是引领我们的那些无意识力量的产物。每个种族都在其精神结构中携带有自己命运的法则，而且，或许它以一种难以抑制的冲动服从这些法则，即便那些冲动极不合理。很多时候，各个民族好像被一些神秘的力量所左右，这些力量类似于使橡果长成橡树或让彗星在自己轨道上运行的那些力量。

我们若想对这些力量有一点认识，就必须在一个民族进化的整个过程中去寻找，而不是在这个进化过程中不时出现的那些孤立的事实中寻找。如果只孤立地考虑这些事实，历史就似乎成为一连串由不可能的偶然事件所造成的结果。一个加利利（Galilean）的木匠似乎不可能会变成一个持续两千年的全能的上帝，使最重要的几种文明都以他为基础建立起来；一小撮从沙漠里冒出来的阿拉伯人也不可能征服古希腊、罗马世界的大部分地区，并建立起比亚历山大的领土范围更大的帝国；在欧洲处于最发达的时期，而且大部分的政权都已经建立起了等级制度的时候，一个名不见经传的炮兵中尉掌控了多个国家和国王的情况也似乎不太可能出现。

因而，让我们把理性留给哲学家，不要过分纠缠它在人类统治中的干预作用。作为所有文明主要动因的那些感情并不是由理性打造，尽管在大多数的情况下都有它的存在，这些感情包括尊重、自我牺牲、宗教信仰、爱国主义以及对荣誉的热爱。

第三章
群体的领袖及其说服的方式

提要

1. 群体的领袖。形成群体的所有人有服从领袖的本能需要——群体领袖的心理——仅凭他们自己就能够让群众充满信心并把他们组织起来——领袖强迫性的专制——领袖的分类——意志所起的作用。

2. 领袖发挥作用的方式：断言、重复、传染——这三个不同因素的作用——一个社会中传染可能从社会下层向上层蔓延——流行的舆论很快就会成为普遍的舆论。

3. 威望。威望的定义及其不同种类的划分——先天的威望和人格的威望——各种例子——破坏威望的方式。

我们现在对群体的精神构成已经很熟悉了，而且也知道了能够在他们的头脑中留下印象的各种力量。仍然有待研究的是，这些力量如何能够发挥作用，以及是谁在实际地运用它们。

1. 群体的领袖

只要有一定数量的生物聚集在一起，无论是动物还是人类，都会本能地置自己于一个领袖的领导之下。

就人类的群体而言，领袖通常只不过是个主谋或者煽动者，但即使如此，他也起到了相当重要的作用。他的意志就是核心，围绕这个核心，群体形成意见并取得一致。他是形成各种群体组织的第一要素，也为群体组织在各种派别中选择了道路。与此同时，他指导着他们。一群人就像一群温顺的羊，没有了一个领头的就什么也不会做。

领袖最初往往不过是被领导者中的一员。他被一些思想催眠，从此以后就变成这种思想的信徒。这种思想深深地掌控着他，以至于其他一切事物都消失了，在他看来，每一种相反的意见都是谬论或者迷信。一个有说服力的例子是罗伯斯庇尔（Robespierre），他痴迷于卢梭（Rousseau）的哲学思想，甚至采用了宗教法庭的手段来进行传播。

我们所说的领袖，更常见的是实干家而非思想家。他们天生并不具备敏锐的远见卓识，而且也不可能具备，因为这种特质一般会导致优柔寡断。这种人物特别容易在那些过分紧张、容易激动、神经几乎错乱的人中产生，他们都已经处于了疯癫的边缘。然而，无论他们所坚持的思想或者追求的目标有多么荒诞，但是，他们的信念是如此坚定，以至于任何的理性思维对他们都不起作用。蔑视和迫害对他们没有影响，或者只是让他们更加兴奋。他们牺牲了个人的利益和家庭，牺牲了自己所有的一切。自我保护这个本能在他们身上彻底不见了踪影，在绝大多数情况下，他们孜孜以求的唯一回报就是为理想献身。他们强烈的信仰使他们的话具有极大的感染力。老百姓总是愿意听从意志坚强的人的指令，而他也知道如何把自己的观点强加给他们。聚集成群的人丧失了自己所有的意志，本能地求助于一个具备他们所缺乏的品质的人。

各民族从来都不缺领袖，然而，并非所有领袖都受着那些适合于使徒的强烈信念的激励。有些领袖往往都是狡猾的雄辩家，只热衷于他们的个人利益，竭力通过谄媚性的低级本能来说服众人。他们利用这种方式发挥的影响可能非常大，但总是转瞬即逝的。有着狂热的信念，能够触动群众灵魂的人，像隐士彼得（Peter the Hermit）、路德（Martin Luther）、萨伏那洛拉（Savonarola）之流，以及法国大革命中的人物，都只是在自己先被某种信条迷住之后，才施展出了他们蛊惑人心的魔力。这样他们才能够在自己信众的灵魂里唤起那股被称为信仰的坚不可摧的力量，这种力量可以让一个人完全变成了自己梦想的奴隶。

唤醒信仰——无论是宗教的、政治的或社会的，也无论是对事业、对个人或对思想——一直以来都是群体中伟大领袖们的职责，而且，也正是因为这个原因，他们的影响力总是非常强大。在影响人类的所有力量中，信仰的力量一直以来是最骇人听闻的，福音书很中肯地把移山填海的力量归功于它。一个人有了信仰，他的力量就放大了十倍。重大的历史事件一直以来都是由一些无足轻重的信徒引发的，他们的诉求很少超出他们的信仰。那些传遍全球的伟大宗教，以及从这个半球横跨到另一个半球的庞大帝国，并不是在学者或哲学家的帮助下建立起来的，更不是那些持怀疑论态度的人。

然而，在刚刚提到的这些事例中，我们所关注的是那些伟大的领袖人物，他们为数甚少，历史学家很容易把他们一一清点出来。他们形成一条连续曲线的最高点，这条曲线从权势显赫的人类大师延伸出来，上述案例都是历史上屈指可数的大领袖。而领袖分很多种，是高低不同的一系列山峰。人民的伟大领袖是领袖，在烟雾缭绕的小酒馆里不断把套话灌进同志们的耳朵里的工人也是领袖。工人领袖慢慢地催眠了他的同志们，但那些话到底是什么意思，他自己也不太懂，但据他理解，这些话一旦变成现实就能实现所有的梦想和希望。

在所有的社会领域中，从最高贵的到最低贱的，人只要脱离孤独，立刻便会陷于某个领袖的影响之中。大部分的人，尤其是在普通的群众中，在自己的专长之外，无论面对任何问题都没有清晰而理性的判断。领袖的作用就是充当他们的引路人。不过，他们被期刊取代的可能性是存在的，尽管非常没有效率，这些期刊为读者制造舆论，向他们提供现成的套话，让他们免受推理的困扰。

群体领袖掌握着非常专制的权威，这种专制性实际上是他们能够获得追随的前提条件。人们经常会发现，尽管没有任何支持，他们就能轻易使工人阶级中最不安分的那部分人听命于自己。他们规定工时和工资标准，他们发布罢工命令，何时开始何时结束，完全听凭他们的指令。

如今，这些领袖和鼓动家正倾向于越来越多地挤占政府的地盘，因为后者甘心受人质疑，以致使自己的权力不断削减。这些新主子的暴政带来的结果是，群体对他们要比对任何的政府都更驯服。如果因为某种变故或者其他问题，领袖从舞台上消失，群众就会回到当初没有凝聚力和抵抗力的乌合之众的状态。在上一次巴黎公共马车雇员的罢工中，两个负责指挥的领导人一被抓起来，罢工便立刻结束了。在群体的灵魂中占主导地位的，并不是对自由的需要，而是对被奴役的需要。他们是如此倾向于服从，以至于不管谁自称是他们的主子，他们都会本能地表示臣服。

这些领袖和煽动家可以分成泾渭分明的两种类型。一类包括那些充满活力、暂时拥有很强意志的人；另一类人比上一类更为少见，他们的意志更加持久。前一种人勇敢无畏，他们尤其适合于领导突然间决定的暴动、带领群众面对危难、把刚招募的新兵一夜之间变成英雄。这种类型的人包括第一帝国时代的内伊（Ney）和缪拉（Murat），在我们这个时代，这种类型的人有加里波第（Garilbaldi），一个没有天分但却精力充沛的冒险家，他带领着一小部分人成功地占领了古老的那不勒斯王国，尽管守城的是一支纪律严明的军队。

然而，尽管这类领袖的活力是一种应予考虑的力量，但它却只是暂时的，很少能在它发挥作用后还能持续下去。当他们回到日常生活中的时候——就像我刚才谈到的那些情况——这些英雄却常常表现出最惊人的性格弱点。尽管他们能够领导别人，却好像在最简单的环境下都不能自省，也不能控制自己的行为。这些人是这样一种领袖，除非由他们自己领导，并且持续地受到刺激，否则他们无法行使职权。他们总是得有某个人或某种思想作为自己的灯塔，必须遵循明确划定的行动路线，否则他们便无法发挥作用。第二种类型的领袖，也就是那些有持续意志的人，尽管没有前一种那么光鲜，却有着更大的影响力。在这类人中，可以找到各种宗教和伟业的真正奠基人，例如圣保罗（Saint Paul）、穆罕默德（Mahomet）、哥伦布（Columbus）和德·雷赛布（de Lesseps）。他们无论是聪明，还是心胸狭隘都无关紧要，世界是属于他们的。他们具备的持久的意志力，是一种极为稀缺而且强大的能力，足以征服世上的一切。尽管强大而持久的意志所能够成就的东西，也并不总是能够得到适当的认同，但是没有任何事情能抵制它，自然、天神不能，人也不能。

一个强大而持久的意志能够造成怎样的影响的最新的例子，是由一位著名人士——德·雷赛布——提供给我们的。他把世界分成东西两半，而且完成过去三千年里很多最伟大的君主多次尝试但都无功而返的一项任务。他后来败在了一项类似的事业上，但那时他受到了衰老的困扰，面对它，一切事情甚至包括意志在内，都会屈服的。

当希望说明单凭意志的力量能够完成什么事业的时候，只需仔细想一下开凿苏伊士运河必须克服的那些困难即可。卡扎里斯（Cazalis）博士这位目击证人用令人印象深刻的寥寥数语，总结了这项伟大工程的整个故事，这位不朽的作者把过去的一切又重新展现了出来。

> 日复一日，不管有什么事情，他都在讲述着关于运河的那些了不起的故事。他讲述了他必须去克服的一切，讲述了他如何将不可能变为可能，他招致的所有反对，与他作对的联盟，以及失望、逆境和失败，但这些都没能让他灰心丧气。他回忆起英国如何无休无止地攻击他、埃及和法国如何迟疑不决、工程初期法国领事馆如何带头反对他，以及他所遇到的反对的性质，有人试图通过拒绝供应饮用水，迫使他的工人因口渴而离开他。他还讲到，海军部长和工程师，富有经验、受过科学训练的所有有职权的人，全都自然而然地充满了敌意，他们全都坚定地站在科学的立场上，断定灾难就在眼前，预言它会在某日某时发生，就像预测日食的到来一样。

讲述所有这些伟大领袖生平的书，不会包含有太多的人名，但是这些名字却已经与文明史上最重大的那些事件捆绑在一起了。

2. 领袖发挥作用的方式：断言、重复、传染

当想要暂时煽动一个群体的时候，让他们采取任何性质的行动——比如掠夺宫殿，或者在守卫要塞或阵地时死亡——就必须用快速的暗示来影响群体，在这个过程中，最有效的就是榜样。然而，为了达到这个目的，在事前就应通过某些特定的环境让群体提前做些准备，而且，最为重要的是，想要影响群体的那位人士应当具备一种品质，这种品质将在后面进行更加深入的研究，我把这种品质命名为威望。

但是，当领袖们打算用思想和信念——例如利用现代的各种社会学说——给群体的头脑施加影响的时候，他们采用了不同的手段。其中主要的手段有三种，而且十分明确——断言、重复和传染。它们的作用有些缓慢，然而一旦生效，却能持续很久。

断言纯粹而且简单，不受任何推理和证据的影响，是让某种思想进入群众头脑里最可靠的办法之一。断言越是简明扼要，证据和证明就看上去越乏力，它也就越有分量。所有

时代的宗教书籍和各种法典，总是诉诸简单的断言。政客号召人们起来捍卫某项政治原则，商人利用广告手段推销产品，他们全都对断言的价值谙熟于心。

然而，除非持续不断地重复，而且要尽可能用同样的措辞，否则断言不会产生真正的影响。我相信，拿破仑曾经说过，真正意义上的修辞法只有一种，那就是重复。得到了断言的事情要通过不断地重复才能在头脑中扎下根来，而且这种方式最终能使断言被人们当成经过证明的真理来接受。

当你看到重复对最有见识的那些头脑产生影响的时候，你就不难理解它对群体产生的影响了。这种力量是基于这样的一个事实，即从长远看，不断重复的说法会进入到我们无意识的深层区域，而我们的行为动机正是在这个无意识的深层区域里形成的。在经过一段时间之后，我们已经忘记了谁是那个不断重复断言的作者，但我们最终会对它深信不疑。广告之所以有如此令人吃惊的威力，原因就在这里。当我们成百上千次看到 X 牌巧克力是最棒的巧克力的时候，我们就会想象自己在很多地方都已经听到过这样的说法，最终我们会确信事实就是如此。当我们成百上千次看到 Y 牌药粉治好了最知名的那些人士身上最顽固的疾患，我们最终会在患上了类似疾病的时候，忍不住也去尝试一下。如果我们总是在同样的报纸上读到 A 是个臭名昭著的流氓，而 B 是个最诚实的人，我们最终会相信这就是事实，除非我们又迷恋上另外一家持相反观点、把两种情况完全颠倒过来的报纸。断言和重复二者各自都具备足够强大的力量进行相互拼杀。

当一个断言获得了有效的重复，并且在这个重复过程中完全达成了一致的时候——就像在某些著名的金融活动中，富豪可以收买所有的活动者一样——所谓的舆论潮流就形成了，并且，势不可当的传染机制开始发挥作用了。各种思想、感情、情绪和信念，在群众中都具有像病菌一样强大的传染力。这种现象是非常自然的，因为甚至在聚集成群的动物中，也可以看到这种现象。如果马厩里有一匹马喜欢咬它的饲养员，马厩里的其他马也会模仿它。在几只羊身上出现的恐慌，很快就会蔓延到整个羊群。在聚集在一起的人群中间，所有情绪都会非常迅速地传染，这就解释了恐慌的突然性。头脑混乱像发疯一样，是非常容易传染的，那些疯病治疗专家中经常有人发作疯病，是众所周知的事情。实际上，最近经常被人提及的一些疯病类型，例如广场恐惧症。

个体受到传染，并不需要每个人都同时出现在同一个地点。有些事件会赋予所有人的头脑一种独特的倾向以及群体所具有的一些特征，在这种事件的影响下，传染的影响能够从相距很远的地方产生出来。当人们在思想上已经准备好了承受前面研究过的一些间接因素的影响时，情况尤其如此。一个有说服力的例子是 1848 年的革命运动，它在巴黎爆发后，便迅速传遍大部分欧洲地区，并且动摇了很多的封建王朝。

社会现象中的很多影响都要归因于模仿，而模仿其实只不过是传染造成的后果。我在另一本著作中已经对它无处不在的影响做过说明，因此在这里我只想重复一下 15 年前我就这一问题说过的话。我的说法已由另一些作者在出版物中做了进一步的阐述。

> 人跟动物一样有着模仿的自然倾向。对他来说模仿是必然的，当然前提是这个模仿很容易。正是因为这种必然性，才让那种被称为时尚的东西具有如此强大的力量。无论是意见、思想、文学作品或者服装，有几个人勇敢到敢与时尚作对的？支配着大众的是榜样，不是论据。每个时期都会存在很少几种能对其他人产生影响的个人特质，并且会被无意识的群众模仿。然而，这些个人特质与已经被接受的思想之间不能有太显著的差异。要是差异很大

的话，模仿他们就会太过于困难，而他们的影响也就无从谈起。正是由于这个原因，过于超前于自己时代的那些人，一般就不会影响到这个时代。两者的分界线标示得非常明显。也同样是由于这个原因，欧洲人尽管在文明上具有很大的优势，但是对东方民族的影响却如此微不足道，他们之间差异的程度实在是太大了。

历史与模仿的双重作用，从长远看，会使同一个国家、同一个时代的所有人都变得十分相似，甚至那些好像注定不受这种双重影响的个体，诸如哲学家、学者和文人，在思想和风格上也都具有一种相似的气息，使他们所属的时代立刻就能被辨认出来。要想全面了解一个人读什么书、有什么消遣的习惯以及生活的环境，并没有必要同他做长时间的交谈。[①]

传染的威力如此强大，以至于它强加给个人的不仅是某些意见，而且甚至是某些感情的模式。传染是某些著作在某个时期受到蔑视的原因——可以引用《唐豪塞》的例子——

① 古斯塔夫·勒庞，《家庭与社会》(*L'Homme Et Les Sociétés*)，卷II，第116页，1881年。

而在几年后，出于同样的原因，那些持批评态度的人，又会对它们大加追捧。

群体意见和信念的传播尤其得益于传染，但绝不会得益于推理。今天的工人阶级在酒馆中获得的各种流行理念，这就是断言、重复和传染的成果，实际上，每个时代创立群众信仰的方式，也很少有什么不同。勒南（Renan）就曾很恰当地在基督教最早的创立者与“把他们的想法从一个酒馆传播到另一个酒馆的工人社会主义者”之间进行了比较；与此同时，伏尔泰在谈到与基督教信仰有关的问题中已经注意到，“在（最初的）100多年里，它只是得到了最卑鄙无耻的那些乌合之众的接受”。

应当指出，与我前面刚刚提到的那种情况类似，传染在作用于广大的民众之后，也会扩展到社会的更高阶层。这就是今天我们看到在社会主义信仰方面出现的这种情况，社会主义信条正在被那些它的首批信仰者所接受。传染是如此巨大的一股力量，在它的作用下，甚至连与个人利益有关的感情也会消失得无影无踪。

这就解释了这样一个事实，得到民众接受的每一种观念，最终总是会以其强大的生命力在社会的最上层扎下根来，无论胜出意见的荒谬性是多么显而易见。社会下层对社会上层的这种反作用是一种更为有意思的现象，因为群众信念的起源或多或少总是来自某种更高的思想，而这个思想在它诞生的领域内通常不会产生什么影响。领袖和煽动家被这种更高深的思想折服以后，就会掌握它、歪曲它，并建立起一个组织，而这个组织又会再次歪曲它，然后在群众中传播这种思想，而群众对这个篡改的过程的贡献有过之而无不及。这个思想就变成广为流传的真理，只要有可能，它就会回到自己的发源地，对一个民族的上层阶级施加影响。从长远看，智慧在塑造着世界的命运，但这种作用十分间接。当这些思想通过我刚刚描述的这个过程最终顺利地开花结果的时候，提出这些思想的那些哲人早已化为尘土。

3．威望

通过断言、重复和传染进行传播的那些观念，只要能够及时获得一种神奇的力量，就会获得巨大的威力，那种神奇的力量就是我们所说的威望。

世界上的统治力量不管是什么样，无论是观念还是人，主要都是通过用“威望”这种难以抗拒的力量来巩固他的权力。威望是每个人都能理解的词汇，但是这个词在使用方法上却大相径庭，要想对它进行定义绝非易事。威望会涉及诸如赞赏和畏惧这样对立的感情。有时候，这些感情甚至是它的基础，但是没有这些感情它也完全能够很好地存在。最大程度的威望由死者享有，也就是那些我们不再惧怕的人，比如亚历山大、恺撒、穆罕默德和佛祖。另外一方面，还有一些我们并不赞赏的虚构的存在，比如印度地下神庙中的那些面目可憎的神灵，但是它们由于被赋予了巨大的威望，还是给我们留下了深刻的印象。

威望在现实中是由一个人、一本著作或一种思想对我们的头脑所施加的一种控制。这种控制彻底麻痹了我们的批判能力，使惊奇和敬畏填满了我们的灵魂。这种感觉就像所有感情一样无法说得清楚，但是，它看起来与一个被迷住的人所产生的那种幻觉是同样的。威望是一切权力的主体。无论是神仙、国王还是美女，没有了它根本就不会有任何的地位。

形形色色的威望可以分为两种主要的类型：先天的威望和人格的威望。先天的威望是那些来自姓氏、财富和荣誉的威望。它可以独立于人格的威望。相反，人格的威望是个人所独有的东西，它可以与名誉、荣耀和财富共存，或者由此得到强化，但是，在没有这些东西的时候，它也完全能够存在。

先天的或者人为的威望是最为常见的。一个人占据着一定的位置、拥有一定的财富或者顶着一定的头衔，仅仅这些事实就赋予了他威望，无论他本人的价值多么微不足道。一身戎装的士兵、身着法袍的法官，总是享有着威望。帕斯卡（Pascal）非常恰当地指出过法袍和假发对于法官的必要性。没了这些东西，他们的权威就会失去一半。即使最喧闹的社会主义者，见到亲王、侯爵也总会被打动，而有这些头衔的话剥削起商人来就是小菜一碟了。[①]

我刚刚说过的这种威望，是通过人来体现的，此外，还有一些通过各种意见、文学和艺术作品等方面体现出来的威望。后一类的威望通常只是多次重复累积起来的结果。历史，尤其是文学和艺术的历史，只不过就是各种完全相同的判断的不断重复而已，对于这些判断，没有人想费力去求证，所

① 头衔、勋章和制服对群体的影响在所有的国家都存在，甚至在那些个人独立感情得到了最强势发展的国家也不例外。我从一本发表的旅行书上摘录了一段与此有关的、关于英格兰那些大人物所享有的威望的内容："我发现，在各种不同的场合，都会出现那些最理性的英国人在接触或者看见某位英国贵族时，所产生的那种奇怪的陶醉现象。""要是他的财富让他能够维持他的地位，他就能够提前确定会得到他们的热爱，并且为了能够与他接触，他们可以把任何东西交到他的手上。当他走近的时候，他们脸上会泛出幸福的红晕，如果他对他们说话，他们难以抑制的幸福会让他们的脸变得更加红润，并且使他们的双眼闪耀出非同寻常的光芒。对贵族的尊敬已经深深地融入了他们的血液里，完全可以说，就像西班牙人对舞蹈的热爱、德国人对音乐的痴迷，以及法国人对革命的热衷一样。他们对骏马和莎士比亚的热情也没有如此的强烈，这些东西带给他们的骄傲和满足也不能算作他们生活中不可或缺的一部分。与贵族有关的书籍具有相当的销量，去到那里，你会发现，这类书籍就像《圣经》一样，人手一册。"

有人最后都只是重复他从学校里学到的东西，直到出现一些再没人敢于说三道四的称号和事物。对于一个现代读者而言，认真研读《荷马史诗》肯定是极度厌倦的事情，但是，谁敢冒天下之大不韪这么说？帕台农神庙——按它现存的状态来说——不过是一堆破败的废墟，完全没有任何意义，但是它被赋予了如此巨大的威望，使它在我们眼里看起来并不是它真实的样子，而是附带了它在历史记忆中的所有成就。威望就是防止我们看到事物的本来面目，并且彻底麻痹我们的判断力。群体总是需要对所有问题都有现成的意见，个体的情况通常也是如此。这些意见的受欢迎程度与它们的对错毫无关系，仅仅只受制于它们的威望。

现在我来谈谈人格的威望。它的性质完全不同于我刚才论述的那些人为的或先天的威望。这是一种与头衔和权力无关的品质，只有极少数人具备，它能使他们对自己周围的人施以真正神奇的幻术，尽管这些人与他们有着平等的社会地位，而且他们也没有通常意义上的统治手段。他们迫使周围的人接受他们的思想和感情，而他们得到服从的情况，就与那些可以毫不费力吃人的野生猛兽对驯兽师的驯服一样。

那些伟大的群众领袖，比如佛祖、耶稣、穆罕默德、圣女贞德和拿破仑，都曾经以很高的程度享有过这种威望，这种威望与他们所取得的地位尤为相关。各路神仙、英雄豪杰和各种教义也都以深入人心的力量在这个世界上大行其道。当然，对它们是不可以讨论的，只要一讨论，它们便消失了。

我刚刚提到的这些人，早在他们尚未成名之前，就具备了他们那种迷人的力量，如果没有这种力量他们也不可能成名。譬如说，达到荣耀顶峰时的拿破仑，仅仅因为他的权力，就享有了巨大的威望，但是在他还没有这种权力，完全还不为人所知的时候，其实他就已经部分地具备了这种威望。当他还是个名不见经传的将军时，由于权贵的眷顾，他被派去指挥意大利的军队，他发现自己置身于一群愤愤不平的将军中间，他们一心要给这个总督派来的年轻的将军一个下马威。但是，从第一次会面时起，他没有借助于任何语言、手势或威胁，马上就征服了第一眼看到这个就要变成大人物的人。泰纳利用当时的回忆录，对这次会面做了引人入胜的说明。

师部的将军们来到军营，对从巴黎派过来指挥他们的那个矮小的新贵一肚子怒气，他们中间就有奥热罗（Augereau），这人是一介武夫，粗野而自大，

> 他因自己的高大身材和剽悍而趾高气扬。对于他们得到的有关此人的实力的种种说法——一个巴拉斯（Barras）的宠儿、因旺代事变而得到将军头衔，在学校里的成绩就是街头斗殴、形象丑陋、脾气暴躁，有着数学家和梦想家的名气——奥热罗表现得很傲慢而且不以为然。他们被带来了，拿破仑让他们等着。最终他出现了，身上佩着他的剑。他戴上帽子，解释了他所采取的措施，下达了命令，然后让他们离开。奥热罗一直沉默不语，直到出门后他才重新找回了自我，并且又像通常习惯的那样骂骂咧咧地说话。他同意马塞纳（Massena）的看法，这个小个子魔鬼将军使他感到敬畏，他无法理解那种一下子就让他手足无措的气势。

变为大人物后，拿破仑的威望与他的荣耀同步增长，至少在他的追随者眼里，他和神灵的威望已不相上下。旺达姆（Vandamme）将军，一个粗鲁的、典型的大革命时期的军人，甚至比奥热罗更粗野，1815 年，在一个偶然的机会与阿纳诺（Aynpo）元帅一起登上杜伊勒利宫的楼梯时，他对元帅谈到了拿破仑："那个魔鬼般的人物对我施用了一种迷幻术，我甚至自己都无法解释清楚，而且达到了这样厉害的程度：尽管我既不怕上帝也不怕魔鬼，但是只要他在我身旁，我就会像个小孩子一样禁不住浑身打战，他简直能够让我钻进针眼，把自己投向火海。”

拿破仑对所有和他接触过的人都施用了类似的魔幻力。[①]

达武（Davout）在谈到马雷（Maret）和他本人的奉献精神时说：“如果皇帝陛下对我们说，‘巴黎必须被毁掉，不得让一个人留下或跑掉，这一点对于我的政策来说至关重要。’我相信马雷是会严守这个秘密的，不过他还不能够做到眼睁睁地看着自己的家人跟着这座城市一起消亡。而我会因为担心真相泄露，让我的妻儿留下来。”

必须要把这种迷幻所产生的惊人力量牢记在心里，才能够理解他从厄尔巴岛那令人不可思议的回归，也才能理解一个被完全孤立的人如何能闪电般地征服了法国。他当时面对

① 拿破仑对自己的威望心知肚明，他意识到通过十分过分的方式对待他周边的那些大人物，会让他更具威望，而且在这些人中，有些是国民公会的著名人士，整个欧洲对他们都充满了敬仰之情。这个时期有大量的传言在说这个事。一天，在国务会议上，拿破仑很严重地侮辱了伯格诺（Beugnot），完全就像对待一个仆从一样。产生效果后，他走到他身边，说：“哼，蠢货，你的脑袋还在脖子上吗？”尽管伯格诺高大得就像个鼓手长，但还是把头深深地埋了下去。这个小矮个抬起了手，抓住了那位人高马大者的耳朵。“一个令人陶醉的宠爱表示，”伯格诺写道，“那是种倍感亲切的主子表示仁慈的姿态。”这样的例子明确地表达了威望能够激发出来的那些无耻的陈词滥调。它们让我们能够理解伟大的独裁者对他周边的人的极大蔑视——他只是把这些人当成了炮灰。

的是一个对他的暴政统治已感到厌倦的大国的全部武装力量。他仅仅瞟了一眼那些受命来对付他的将军们，他们就全都不由分说地纷纷屈服了，而就是这些人曾经发下过不辱使命的誓言。

英国将军沃尔斯利（Wolseley）写道："拿破仑，一个来自他的王国厄尔巴岛的逃犯，几乎是孤身一人登陆法国，在几周之内便通过兵不血刃的手段，成功地把合法的国王统治下的法国权力组织统统颠覆。一个人的权势之大，还能有比这更惊人的证明方式吗？在他的这场最后的战役中，从始至终，他对盟国又施展了多么惊人的权势，迫使他们跟着他的要求走，而且他差一点就彻底击垮了他们！"

他的威望在他死后依然存在，而且还在持续增长。正是他的威望让他的一个名不见经传的侄子变成皇帝。对他的怀念之情仍然是那么的强烈，就在今天，人们依然对他的传奇故事口耳相传。随心所欲地迫害人、为了一次次的征伐，让数百万人战死疆场，只要你有足够的威望和维护它的才能，你所做的这些事情都是天经地义的。

毫无疑问，这是一个有关威望的极不寻常的例子，但是为了认清那些伟大的宗教、伟大的学说和伟大的帝国的基因，这个例子是很值得引用的。如果不是威望对群体施加了影响，那么就根本无法理解这些发展了。

然而，威望并不是只能建立在个人权势、军事伟业或宗教恐惧的基础上。它也可以有较为普通的来源，但其力量也不可小觑。我们的这个世纪便提供了若干实例。能够让后人世代不忘的最惊人的事例之一，是那个把两个大陆分开，改变地球面貌和通商关系的著名人物的故事。他完成了自己的壮举，得益于他那强大的意志力，也得益于他能对周围的人施加魔幻力。为了克服他遇到的数不清的反对，他只让自己的表现说话。他不多说话，他的魅力使反对者变成他的朋友。英国人反对他的计划尤其卖力，但他只是在英国露了个脸，就把所有选票都收入囊中。在他晚年路过南安普顿的时候，沿途教堂的钟声不断。如今又有一场运动在英国展开，要为他树立一座塑像以资纪念。

征服了必须征服的一切——人和事、沼泽、岩石、沙地——之后，他不再相信还有什么事情能挡住他，他希望在巴拿马再挖一条苏伊士运河。他按过去的老办法着手这项工程，但是他毕竟年事已高，而且，除此之外，虽有移山填海的信念，如果那些山过于高大，也还是没有办法移动。群山在抵抗，由此引发的灾难打碎了笼罩在英雄身上耀眼的荣誉光环。他的一生告诉了我们威望如何生成，也告诉了我们它会如何消失。在成就了足以同历史上最伟大的英雄媲美的业绩之后，他却被自己国家的地方治安官列入最下贱的罪犯行列。他去世时，无人陪伴的灵柩孤零零地从一群麻木的民众中间经过。外国政府却对他表达了敬意，就像对待历史上每个最伟大的人物一样。[①]

上面提到的各种例子仍然是极端的情况。要想详细确定威望的心理学意义，就必须把它们置于一系列的极端情况之下，这个系列的范围应该包括从宗教和帝国的创立

① 一家奥地利报纸，维也纳的《新自由报》对德·雷赛布（de Lesseps）的命运进行了大肆地渲染，其中的思想称得上是最高明的心理学见识。因而，我将这些内容摘录于此：

“在费迪南·德·雷赛布（Ferdinand de Lesseps）受到指责之后，人们就不再有权对哥伦布的可悲下场表示惊讶了。如果费迪南·德·雷赛布是个骗子，那么一切高贵的幻想就是罪恶。古人会用荣耀的光环来纪念德·雷赛布，会让他在奥林匹斯山中畅饮碗中的甘露，因为他改变了地球的面貌，他完成的工作使世界更加完美。上诉法院的首席法官因为谴责费迪南·德·雷赛布而让自己不朽，因为各民族也总是需要这样的人，他们无惧于通过给年迈的人定罪，以此贬低他的那个时代，根本不顾及这个罪犯为他同时代的人挣足了面子。

“以后不要再奢谈什么刚正不阿的正义，那里对敢为人先的丰功伟绩充满了官僚主义的仇恨！国家需要这样的勇士，他们充满自信，克服千难万阻，把他们个人的安危置之度外。天才不会谨小慎微，只要有丁点的踌躇，可能都永远无法扩大人类的活动的范围。

“……费迪南·德·雷赛布已经亲历了胜利的沉醉与失望的苦涩——苏伊士和巴拿马。在这一点上，他的心灵违背了成功的道德准则。当德·雷赛布成功地把两个海洋连在一起的时候，王公贵族和各国政要都纷纷向他致以他们最崇高的礼节；如今，当他遭遇科迪雷拉斯（Cordilleras）的岩石并败下阵来的时候，他就只是一个毫无教养的骗子……从这个结果中我们看到了社会各阶级之间的战争，看到了官僚和员工们的不满，他们利用刑法对那些胆敢把自己提升得比其他同事更高的人实施报复。在面对那些来自人类天才的崇高思想的时候，现代的立法者心里充满了尴尬，公众对这些理想的了解也很有限，因此，一个大律师很容易就可以证明，斯坦利（Stanley，比利时著名探险家——译者注）是个杀人犯，而德·雷赛布是个大骗子。”

者，到试图用一件新的外衣或者新的装饰向邻居炫耀的个人。

在这个系列的两个极端之间，文明的不同元素——科学、艺术、文学等——所导致一切不同形式的威望，都占有一席之地，并且应该可以看到威望中包含了说服群体的基本因素。拥有威望的人、思想或者事物，会在传染的作用下，立刻受到人们自觉或者不自觉的模仿，并迫使整整一代人接受某种感情以及表达自己想法的模式。另外，这种模仿通常是不自觉的，这就说明了它的彻底性这个事实。临摹某些原始人类单调色彩和僵硬姿态的现代画家，很少会注意到他们灵感的来源。他们相信自己的真诚，然而，如果某位杰出的大师没能复兴这种艺术形式，人类应该还将继续处于两眼摸黑的时期，能够看到的只是幼稚低级的一面。那些紧随另一位著名大师脚步的艺术家在他们的画布上一股脑儿地涂满各种紫色，但他们并没有在自然界看到比 50 年前更多的紫色。他们被另一位画家的个性和特殊印象影响了，“被暗示了”，而这位画家尽管有着反常的行为，却成功地获得了巨大的威望。类似的例子可以与文明的所有因素都关联起来。

由以上论述中，我们可以看到威望的产生过程中可能会涉及很多的因素，其中，成功总是最重要的一个因素。每一个成功者，每一种得到认可的思想，只是凭借成功这一事实，便不再遭受质疑。成功是威望的主要垫脚石，这就是说一旦不能成功，威望也几乎随之消失。昨天受群众拥戴的英雄今天一旦失败，就会受到羞辱。实际上，威望越高，受到的反作用也会加强。在这种情况下，群众会把失败的英雄视为与自己平等的人，并会因为曾经向这个已得不到承认的权威点头哈腰而实施报复。在罗伯斯庇尔处死自己的同伙和大量的人的时候，他享有巨大的威望。而当几张选票剥夺了他的权力的时候，他马上便失去了威望，群众一路咒骂跟着他到断头台，咒骂的内容与不久前他们对待他的牺牲者完全一样。信徒们总是以各种疯狂的举动打碎他们过去信奉的神灵的塑像。

缺乏成功的威望，会在很短的时间里消失殆尽。它也可以在探讨中被消磨掉，但是时间会更长一些。然而，探讨的力量是极为可靠的。从威望遭到质疑的那一刻起，它便不再是威望。那些能够长期保持威望的神灵与人士，从来都不容忍任何的讨论。为了让群众敬仰，就必须与它保持距离。

第四章

群体的意见和信念的变化范围

提要

1. 坚定的信念。某些普遍信念的不变性——它们决定文明的进程——根除它们面临的困难——一种信念在哲学上表现出的荒谬性不会妨碍它的传播。

2. 群体意见的变化无常。不是源自普遍信念的意见极端不稳定——近百年各种思想和信念的明显变化——这种变化的真正限制条件——受变化影响的事物——普遍信念消失的情况愈演愈烈，报纸传媒的极度扩散，导致了舆论越来越变幻莫测——为什么群体的舆论倾向于让绝大部分的受众变得越来越麻木——政府现在无力像过去那样来引导舆论——现在的舆论因为它们过分的分散而要严防出现专制。

1. 坚定的信念

生物的解剖学特征和心理学特征有着很密切的相似之处。在这些解剖学特征中，会看到某些不变的或者只会有微小变化的因素，它们变化的时间要以地质年代来计算。与这些稳定的、坚不可摧的特征一起，还能找到一些极易变化的特征，这些特征利用畜牧和园艺技术很容易就可以进行改变，而且有时候改变的程度能够大到只要观察者稍不留神就会漏掉它们。

在道德特征上也可以看到同样的现象。一个种族除了存在无法改变的心理特征外，也有一些漂浮不定的而且可改变的因素。出于这个理由，在研究一个民族的信念和意见时，总是可以看到有一个牢固的基础存在，在这个基础上面会有一些经过了嫁接的意见，它们的变化就像是岩石表面的流沙一样。

因而，群体的意见和信念可以分成截然不同的两类。一方面我们有亘古不变的信念，它们可以持续几个世纪，而且可供整个文明栖息于其上，例如过去的封建主义、基督教和新教，在我们这个时代则是民族主义和当代的民主和社会主义思想。其次是一些短暂的而且处于变化中的主张，它们通常是一般性概念的成果，这种概念在每个时代都层出不穷。

这方面比较贴切的例子是那些为文学和艺术奠定了基础的各种理论，具体来说，也就是那些产生了浪漫主义、自然主义和神秘主义等流派的理论。这个层面的意见通常都是又肤浅、又时髦、又变幻莫测的，可以把它们比作是一湾深水水面上的涟漪，反复地出现、消失，永不停止。

真正能够普及的信念数量十分有限，它们的兴衰形成每一个种族历史上的令人瞩目的事件，它们组成了文明的真正结构。

用暂时性的意见影响群众的头脑很容易，但是要想在其中植入持久的信念却很难。然而，一旦在群众头脑中植入某种信念，根除它也同样不易。通常情况下，只有通过暴力革命才能变革它们。甚至也只有当信念几乎已经完全不能控制人们心灵的时候，革命才会有些作用。在这种情况下，革命所起的作用是对那些几乎已经被废除的东西做最后的清扫，尽管人们因为习惯而担心它们完全被放弃，会进行种种的阻挠。一场革命的开始其实就是一种信念的末日。

一种伟大的信念开始衰落的确切时间很容易辨别，这个时间就是它的价值开始受到质疑的那一刻。每一种普遍的信念在真实性方面远比不上一本小说，它只有在不受到检查的条件下才能够幸存。

然而，即使当一种信念已经被严重地动摇，由它所形成的各种机制仍会保持它们的力量，只会以十分缓慢的速度消失。最终，当信念完全失去了力量的时候，所有依赖于它的一切很快也就进入到衰亡的过程之中。迄今为止，还没有哪个民族在没有下决心破坏其全部文明因素的情况下改变它的信念。这个民族会继续推进这个改造过程，直到找到并接受了一种新的普遍信念为止，在此之前，它必然会处于一种混乱的状态之中。普遍信念是文明不可缺少的柱石，它们决定着各种思想的潮流。它们仅凭自己的力量，就能够启迪信念并形成一种责任意识。

各民族一直清楚获得普遍信念的好处，而且本能地知道，这种信念的消失是自己衰落的信号。在罗马人的例子中，罗马狂热崇拜的是让他们成为世界主人的那种信念，而当这种信念消失的时候，罗马也难逃灭亡的厄运。但是对于那些毁灭了罗马文明的野蛮人来说，只有当他们获得了某种普遍接受的信念，使他们达到了一定程度的团结，并走出了混乱状态的时候，才能做到这一点。

坦白地说，各民族在捍卫自己意见的时候，总是表现出固执的态度，这是有原因的。这种固执的态度由于对来自哲学立场的批判持开放的心态，因而代表着一个民族生命中最必不可少的美德。正是为了寻求或坚持普遍信仰，才有那么多发明创新者在中世纪被送上火刑柱，就算他们逃脱了殉道，也难免死于绝望。也正是为了捍卫这种信念，世界上才会如此频繁地出现最可怕的乱象，也才会有数百万的人战死沙场，或者即将战死沙场。

在建立普遍信念的道路上可谓困难重重，不过一旦它站稳了脚跟，它的力量便会在很长一段时期内所向披靡，而且，无论从哲学的角度看它是多么的漏洞百出，它都会强行进入到最有智慧的头脑里。难道那些在长达 15 个世纪的时间里被欧洲各民族认为不容置疑的宗教神话，在经过仔细考究之后，不是与莫洛克神（Moloch）一样野蛮[①]吗？有个神因为自己创造出来的生物中有一个不听话，便进行自我报复，让他的儿子遭受酷刑，这个神话如此荒谬，在很多个世纪里，居然都没有人注意到。那些能力出众的天才人物，比如像伽利略、牛顿和莱布尼茨这样的人，对这种教义的真相也没有过丝毫的质疑。再找不出比这个事实更典型的事例来说明普遍信念的催眠效果了，与此同时，也没有任何事情能比它更有力地指出了我们的智慧那令人汗颜的局限性。

① 野蛮，我指的是哲学意义上的。在现实中，它们创造出了一个全新的文明，而且，在 15 个世纪里，它们让人类那些最伟大的美好梦想和希望的乐园曙光初现。

新的教条一旦被植入到群体的头脑中，它就会成为鼓舞人心的源泉，并由此发展出各种机制、艺术和生活方式。在这种情况之下，它对人们心灵所进行的控制是绝对的。实干家一心想着要实现这种得到认同的信念，立法者只会一心想着应用它，而哲学家、艺术家和文人全都只会一心想着用各种不同的形式来表述它。

从基本的信念中会派生出一些暂时的观念，但是，这些观念总是带有派生出它们的那些信念的印记。埃及文明、中世纪的欧洲文明、阿拉伯地区的伊斯兰文明，全都是寥寥几种宗教信仰的产物，这些宗教信仰给这几种文明中甚至最微不足道的元素上面都留下了它们的印记，而且马上就能被辨认出来。

因此，现实的情况就是，幸亏有这些普遍信念，每个时代的人都在一个由传统、意见和习俗组成的环境中成长，而且不可能摆脱这些桎梏。人的行为主要由他们的信念以及由这些信念所形成的习惯引导。这些信念和习惯支配着我们生活中最无足轻重的行动，最具独立性的精神也不可能摆脱它们的影响。在无意识中对人们的头脑所实施的专制，是唯一真正的专制，因为你根本无法跟它针锋相对。提比略（Tiberius）、成吉思汗（Genghis Khan）和拿破仑（Napoleon）

肯定都是令人胆寒的暴君，但是摩西、佛祖、耶稣和穆罕默德，对人类的灵魂实施着更为深刻的专制统治。一场密谋可以推翻一个暴君，而反对根深蒂固的信念又有什么可资利用？在与罗马天主教的激烈对抗中，最终失败的是法国大革命，而且群体的同情显然是在它这一边，它还采用了像宗教法庭一样无情的破坏手段。人类所知道的唯一真正的暴君，历来就是他们对死者的记忆以及他们为自己编织出来的幻境。

普遍信念在哲学上的荒谬，从来不会成为它们获胜的障碍。当然，除非它们提供了某些神秘的荒谬性，否则这种信念的胜利似乎也是不可能的。今天的社会主义信念中的局限性是显而易见的……宗教信仰承诺在死后兑现这些幸福理想，所以谁都无法反驳；但今天的社会主义所提供的幸福理想要在今生落实，所以当为了实现它的第一次冲锋过去之后，其许诺的空洞性立刻就会出现，这种新宗教立刻失去了威信。

2. 群体意见的变化无常

我们刚刚证明了坚定信念的力量，在这个基础的信念之上，会看到不断增多的意见、思想和观点，它们不间断地生生灭灭。它们有的生存时间只是一天，更为重要的一些也很少会超过一代人。我们已经说过，这种舆论变化很多时候更多的都是些表面现象，而且我们也说过，它们总是受到某些种族因素的影响。比如，当我们在评价法国政治体制的时候，我们说明了表面上完全大相径庭的各个政党——保皇派、激进派、帝制主义者、社会主义者等——都有着一个绝对一致的理想，而且还说明了这个理想仅仅只依赖于法兰西民族的精神结构，因为我们发现在其他种族中，相同的名称所代表的是一些完全相反的理想。无论是给那些意见所起的名称，还是欺骗性地改编，都不会改变事物的本质。大革命时代的人饱受拉丁文学的熏陶，他们的眼睛只盯着罗马共和国，采用它的法律、它的权杖、它的法袍，但是他们并没有变成罗马人，因为他们没有身处在一个有着强势历史性暗示的帝国之下。哲学家的任务，就是研究在表面变化背后支撑着它们的东西是什么，并且在汹涌澎湃的舆论大潮中找出受普遍信念和种族禀赋主导的那部分。

要是没有这个哲学检验，人们会以为群众经常随心所欲地改变他们的政治和宗教信念。所有的历史，无论是政治的、宗教的、艺术的或文学的，似乎都证明了事实就是如此。举个例证，让我们来看看法国历史上非常短暂的一个时期，仅仅是从 1790 年到 1820 年的这 30 年，这刚好是一代人的时间。在这段时间里，我们看到最开始拥护王权的群体变得十分革命，随后变得具有非常严重的帝国主义倾向，然后再次又变回为君主制的支持者。在宗教问题上，他们在这段时间从天主教倒向无神论，然后转向自然神论，再后来又回到了最明确的天主教形式。这些变化不只发生在群众中，也发生在领导他们的那些人中。我们惊讶地发现，国民公会中的大人物、国王们不共戴天的死敌、眼中既没有上帝也没有主子的人，竟会变成拿破仑谦恭的奴仆，而且后来，在路易十八的统治下，又在宗教仪式的过程中间虔诚地手捧蜡烛。

在接下来70年里的整个过程中，最令人眼花缭乱的是群众舆论的变化。21世纪初“背信弃义的英国人”在拿破仑继任者统治时期成为法国的盟友；两度受到法国入侵的俄国，心满意足地看着法国的倒退，也变成它的朋友。

在文学、艺术和哲学领域，舆论接二连三出现的发展变化更为迅猛。浪漫主义、自然主义和神秘主义等，轮番登场，各领风骚一小段。昨天还受着吹捧的艺术家和作家，天一亮就会被人骂得狗血淋头。

然而，当我们对所有这些表面的变化进行深入分析的时候，我们发现了什么？所有那些与种族的普遍信念和情感相违背的东西，持续的时间都是转瞬即逝的，被逆转的潮流很快便又重回原来的道路。那些意见如果与种族的任何普遍信念或情感都没有任何关联，并且因而不可能具有稳定性的话，就只能听任机遇的摆布，或者，假如那个说法受到了青睐，则只能听任周围环境变化的摆布。由暗示和传染形成的舆论，总是暂时的，它们忽然出现和消失的情况就像由沙子在海滩堆成的沙堆一样，总在转瞬之间。

在当前时代，群体舆论风云变幻的情况超过了以往任何的时候，其原因主要有三：

首先，过去的信念正在失去影响力，而且愈演愈烈，它们不再像过去那样能够形成转瞬即逝的短暂意见。普遍信仰的衰落，为一大堆既无历史也无未来的偶然出现的意见提供了条件。

第二个原因是群众的势力正处于不断的增长中，而且这种势力受到的制衡越来越小，我们已经了解的群体特征的多变性能够无拘无束地表现出来。

最后，第三个原因是报业最近的蓬勃发展，通过它们的各个机构，很多完全对立的舆论持续不断地被带到群众关注的目光里。从每种具体意见中造成的暗示作用，很快就会被另一种具有截然相反特性的暗示摧毁。结果是没有哪种舆论能够成功传播，所有舆论的存在都成了过眼烟云。现在出现的一种意见在能够得到广泛的接受，变成普遍意见之前，便已经灰飞烟灭了。

世界历史上一种全新的现象，以及这个时代最显著的特征，都来自这些不同的原因，我的意思就是想说明政府在引导舆论方面的无能。

过去，而且就在不久以前，政府的举动、少数作家和寥寥几家报纸的影响，组成了公众舆论真正的反映者。今天的作家已经没有了任何影响力，报纸则只是反映意见。而对于政客来说，引导舆论是一件遥不可及的事情，他们唯一能竭尽全力去做的是亦步亦趋地紧跟它。他们害怕舆论，很多时候甚至就是恐惧，而且致使他们去走一条完全没有稳定性可言的行动路线。

于是，群体的意见更多地倾向于成为政治生活中至高无上的指导原则。它现在已经走得如此之远，甚至都能迫使国家之间结盟，例如最近法俄同盟的例子，就主要是一场群众运动的产物。目前一种奇怪的现象是，能够看到教皇、国王和皇帝们同意接受采访，作为他们把自己对某个问题的看法提交给群众裁决的方式。过去说政治不是感情的问题也许还算是正确的。今天，当政治越来越受到变幻莫测的群众的冲动影响的时候，考虑到群众又不受理性的任何影响，而只受情绪的支配，话还能再这样说吗？

至于报业，过去是它们在引导舆论，但是它们现在也像政府一样，在群众的势力面前也只能屈尊。毫无疑问，它仍然具有相当大的影响力，但这只是因为它是反映群众的意见及其不断变化情况的唯一途径。报业成为一个单单提供信息的机构，已经放弃了推行思想和意见的所有努力。它亦步亦趋地紧跟公众思想的各种变化，在面临失去读者之痛的情况下，竞争的需要迫使它也只能如此。过去那些保守而有影响力的报纸，如《宪法报》《论坛报》和《世纪报》，曾被上一代人当作神圣智慧的传播者，如今它们不是已经消失，就是变成典型的现代报纸，在这些报纸上，绝大部分的新闻被夹杂在各种软文、社会八卦和金融口水之间。如今，应该没有什么问题，任何一家报纸内容都应该丰富到能够让它的撰稿人表达自己个人的意见，而且这些意见会对那些只想得到消息或者娱乐的读者，以及那些对所有由猜测的动机得出的每一个肯定一概表示怀疑的读者，产生很小的影响。甚至评论家也不再能够保证一本书或一部戏的成功。他们能够造成伤害，但是不能做好服务。报馆心知肚明，以批评或个人意见的形式出现的任何东西都毫无用处，于是它们便采取压制批评的立场，仅限于引用一下书名，再添上两三句“溢美的话”。在 20 年的时间里，同样的命运也许会降临到戏剧评论的头上。

密切关注舆论方向，今天已经成为报社和政府的第一要务。一个事件、一项立法建议、一次演说所产生的影响，它们必须在第一时间掌握，刻不容缓，而这个任务并不轻松，因为没有任何事情会比群众的想法更加变化多端，而最为司空见惯的是看着他们今天严厉斥责那些昨天还赞扬有加的事情。

对任何类型的舆论引导的完全缺失，同时再加上普遍信念的毁灭，其最终结果就是对一切秩序的认识上都存在着极端的分歧，以及群众对于一切没有明确触及他们直接利益的事情越来越麻木。像这样的教条问题，只有在很没有文化的阶层，比如矿山和工厂里的工人中间，才能够得到自称为信念坚定的拥护者。中下层阶级的成员以及受过一定教育的工人，在他们的意见方面不是变成彻底的怀疑论者，就是变得极端的不稳定。

过去 25 年里朝着这个方向的演变是惊人的。在前面的那个阶段，尽管距离我们相对较近，然而各种意见仍然具有某种普遍的趋势，它们的根源在于接受了某些基本的信念。

只根据某人是个君主制的拥护者这一事实，就可以断定他必然拥有某种明确界定的历史观和科学观，同样地，只根据他是共和主义者，便可以断定他的观点截然相反。拥护君主制的人明确地认为，人不是从猴子变过来的，而共和主义者认为人类的祖先就是猴子的态度一点都不输给前者。说到大革命时，拥护君主制的人有责任充满恐惧，而共和主义者则有责任充满崇敬。有些特定的名字，比如罗伯斯庇尔和马拉，说出来的时候语气中必须含有宗教式的挚爱，而其他一些人名，如恺撒、奥古斯都和拿破仑，也万万不可不在提到的时候予以猛烈的痛斥。甚至在法属索邦地区，也普遍存在着这种理解历史的幼稚方式。①

目前，由于讨论和分析的缘故，所有的舆论都正在失去它们的威望。它们的独有的特征正在快速地消失，留下来的很少能够唤起我们的热情。现在这个时代的人变得越来越麻木不仁。

---

① 法国官方历史学教授的著作里有很多篇幅从这个观点看就显得很奇怪。他们也证明了法国现行的大学体系中发展出来的批判精神是多么的微乎其微。作为一个例子，我从索邦的历史学教授拉姆伯德（Rambaud）先生的《法国大革命》一书中摘录了以下内容：

“攻占巴士底狱是历史上的一个大事件，不仅是法国的，也是整个欧洲的；而且在世界历史上揭开了一个新的时代！”

而对于罗伯斯庇尔，我们只是不痛不痒地知道，“他的独裁更主要的是建立在舆论、说服和道德权威的基础上，这是一种由一个品德高尚的人控制的教皇权位！”（第91页和第220页。）

对于意见总体的衰退不应该过分地悲伤。无可争辩，这是人类生命衰老的一个现象，谁也无法抗拒。可以肯定，伟大的、具备超凡悟性的人，使徒和民众领袖——一句话，那些具有真诚的、强烈信念的人——与那些矢口否定、评头论足的人以及麻木不仁的人相比，能够具有更大的力量，但是，我们切莫忘记，考虑到目前群众拥有的势力，如果一种单独的意见要想获得足够的威望，使自己能够得到普遍的接受，那么它很快便会被赋予一种非常专制的权力，所有的东西全都可能得在它面前俯首帖耳，自由讨论时代的大门就会关闭很长的时间。群众偶尔会是个很好说话的主人，就像赫利奥加巴勒（Heliogabalus）和提比略（Tiberius）的情况一样，但他们也是非常狂躁而反复无常的。一种文明当群众起到主宰作用的时刻到来时，它便要仰仗太多的偶然机会才能够长期持续下去。如果说在毁灭的时候还有什么办法能够苟延残喘一会儿的话，那就应该是群众意见的极度不稳定性，以及他们对所有普遍信仰不断表现出来的麻木不仁。

第三卷

不同群体类型的划分及描述

第一章

群体的划分

提要

群体的一般划分：

1. 异质性群体。它们中的不同类别——种族的影响——群体的精神随着种族精神的强大而等比例弱化——种族精神代表文明的状态，而群体精神代表野蛮的状态。

2. 同质性群体。它们的不同类型——宗派、身份团体和阶级。

我们已经在本书中勾勒出了心理学意义上的群体所共有的一般性特征。仍然有待说明的是，不同类型的人群在一定的刺激因素的影响下变成群体时各自具有的特征。首先，我们先用几句话来谈谈群体的分类。

我们的起点是简单的人群。当人群是由许多分属于不同种族的个体组成的时候，我们就看到了它最初级的形态。在这种情况下，它唯一能够形成团结的共同纽带，是头领或多或少受到尊敬的意志。在几个世纪里不断进犯罗马帝国的野蛮人，来源千差万别，可以被看成是这种类型人群的典型。

处于比这些由不同种族的个体组成的人群更高一个层面的，是那些在某些影响下获得了共同特征，并最终形成一个单一种族的人群。它们在很多时候会表现出某些群体所特有的特征，但是这些特征在某种程度上敌不过种族的因素。

在本书探讨过的某些影响的作用下，这两种类型的人群可以转变成有组织的或心理学意义上的群体。我们把这些有组织的群体分为以下两种：

A. 异质性群体

　　a. 匿名的群体（比如街头群体）

　　b. 非匿名的群体（如陪审团、议会等）

B. 同质性群体

a．派别（政治派别、宗教派别等）

b．身份团体（军人、僧侣、劳工等）

c．阶级（中产阶级、农民阶级等）

我们将简单地指出这些不同类型群体的区别特征。

1．异质性群体

本书中一直研究的就是这种群体的特征。这种群体由任何类型、任何职业，以及任何智力水平的个体组成。

仅凭个体成为群体的一部分这个事实，我们现在就能认识到，他们的集体心理与他们的个人心理有着本质的区别，而且他们的智力也会受到这种区别的影响。我们已经看到智力在集体中不起作用，它完全处在无意识情绪的支配之下。

一个基本因素，即种族的因素，就会使各种异质性的群体之间具有彻底的差异。

我们已经经常涉及种族所起的作用，而且已经证明了它是能够决定人们行动的因素中最强大的一个。它的作用在群体的特性中也有迹可寻。由偶然聚集在一起的个体组成的群体，比如这些人全是英国人或中国人，与有着不同特征但同属于一个种族——比如俄国人、法国人或西班牙人——的个体所组成的群体之间会有广泛的差异。

当环境使一个群体形成，并且其中不同民族的个体所占比例大体相同的时候——当然这种情况相当罕见——他们所继承的心理结构在人们的感情和思想方式上造成的巨大差异，立刻就会显现出来，而且，无论表面上促使他们聚集在一起的是多么一致的利益，这种情况都会发生。社会主义者努力召开的各国工人阶级联合代表大会，最后都以纷争收场。拉丁人的群体，不管它被认为多么革命或多么保守，无一例外地求助于国家的干预来实现自己的要求。它总是以倾向于集权，以或多或少地支持独裁作为自己的特征。相反，英国人或美国人的群体就不拿国家当回事，他们只求助于个人的主动精神。法国的群体特别看重平等，英国的群体则特别看重自由。这些差异解释了为什么有多少个国家几乎就有多少种不同形式的社会主义和民主。

由此可见，种族的禀赋对群体性格有着重大影响。它是一种强大的潜在力量，限制着群体性格的变化。应该可以得出这样一条基本定律：由于种族精神的强大，群体的次要属性相比而言并不突出。群体状态或支配群体的力量类似于野蛮状态，或者说是相当于向这种状态的回归。种族正是通过获得结构稳固的集体精神，才使自己在越来越大的程度上摆脱了缺乏思考的群体力量，走出了野蛮状态。除了种族因素之外，对异质性群体最重要的区分，就是把它们分为匿名群体——比如街头群体和非匿名的群体——比如精心组织起来的议会和陪审团。在前一种群体中缺乏的责任感，在后一种群体则得以发展，常常使它们各自的行动出现非常不同的倾向。

2. 同质性群体

同质性群体包括：①派别；②身份团体；③阶级。

派别是同质性群体组织过程的第一步。一个派别包括在教育、职业和社会阶级的归属方面大不相同的个体，把他们联系在一起的是共同的信仰。最好的例子是宗教和政治派别。

身份团体是最容易组织群体的一个类型。派别包含着职业、教育程度和社会环境大不相同的个体，他们仅仅是被共同的信仰联系在一起，而身份团体由职业相同的个体组成，他们相应地也有类似的教养和几乎完全一样的社会地位。这方面最好的例子是军人和僧侣团体。

阶级是由来源不同的个体形成的，把他们联系在一起的，和派别有所不同，不是共同的信仰，也不像社会阶层那样有着相同的职业，而是某种利益以及几乎完全一致的生活习惯和教育。这方面最好的例子是中产阶级和农民阶级。

因为本书只讨论异质性群体，而把同质性群体（派别、身份团体和阶级）放在另一书本里研究，因此我不会在这里纠缠于后一种类型的群体特征。我会通过对几种典型的群体的考察来结束对异质性群体的研究。

第二章

被称为犯罪群体的群体

提要

被称为犯罪群体的群体——一个群体从法律角度说可能是罪犯，然而从心理学角度说可能并不是——群体行为的绝对无意识的性质——“九月惨案”参与者的心理——他们的理性、识别能力、残暴和道德观念。

在兴奋期过后，群体就会处于一种纯粹自动的无意识的状态，在这种状态下，他们受各种暗示引导，所以要把他们说成是罪犯，无论在什么情况下似乎都很难自圆其说。我保留这一错误的定性，只是因为最近一些心理学研究已经使它变得很流行。群体的某些行为，如果仅就其本身而论，的确是犯罪，但是在那种情况下的犯罪，与一只老虎让其幼虎为了娱乐而把一个印度人撕得血肉模糊，然后再把他吃掉的行为是一样的。

群体犯罪正常的动机是一种强烈的暗示，而参与这种犯罪的个体事后会坚信他们的行为是在履行责任，这与平常犯罪的情况大相径庭。

群体犯罪的历史对上面这些论述给予了充分的说明。

巴士底狱监狱长德·劳内（de Launay）先生的遇害就是一个典型的事例。在堡垒被攻破后，这位监狱长在一群极度兴奋的民众的围攻下，遭到来自四面八方的拳打脚踢。有人建议吊死他，砍下他的头挂在马尾巴上。在反抗过程中，他偶尔无意中踢到了当时在场的人中的某一个。有人提出，挨踢的人应该割断监狱长的喉咙，这个建议立刻被采纳，并博得了群众的欢呼。

> 这个人，一个失业的厨子，来巴士底狱的主要原因是百无聊赖的好奇心，想来看看发生了什么。他认为，由于大家的意见就是这样，那这个做法是一种爱国行为，甚至相信应该得到一枚勋章，因为他杀死了一个恶魔。他用别人递过来的一把剑砍向那裸露的脖子，但是武器有些钝了，他没能成功。于是他从自己兜里掏出一把黑柄小刀（既然有厨子的手艺，他对切肉应当很有经验），成功地完成这次任务。

上面提到的那种暗示发挥的作用，可以很清楚地在这个例子中看到。我们服从于一个暗示，这种暗示的作用会变得越来越强大，因为它来自集体，也因为杀人者坚信自己做了一件非常值得称颂的事情，在得到了他的同胞们的一致赞同后，这种坚信不疑就显得更为自然了。这种行为从法律上可以被认为是犯罪，但是从心理学上却不是。

犯罪群体的一般特征与我们在所有群体中看到的完全一样：易受暗示、轻信、易变，或好或坏的感情夸张、表现出某种形式的道德等。

我们会发现，在法国历史上留下最凶残记录的群体——

参与“九月惨案”的群体中间，这些特征一应俱全。事实上，它与制造圣巴托罗缪惨案的群体十分相似。这里我借用泰纳根据当时的文献进行的详细描述。

没有人确切地知道是谁下达了杀掉犯人空出监狱的命令，或者是做出了这样的暗示。是不是丹东——因为很有这种可能——还是别的什么人，这其实并不重要。我们关心的是这样一个事实，即参与屠杀的群体受到了强烈的暗示。

这个杀人群体大约有300人，而且完全是个典型的异质性群体。除了极少数几个职业流氓，成员中主要是一些店主和各行各业的手艺人：制靴匠、锁匠、理发师、泥瓦匠、店员、邮差等。在暗示的影响下，他们就像前面提到的那个厨子一样，完全相信自己是在履行一项爱国主义的义务。他们挤在一间双开门的办公室里，同时既当法官又当执行人，但是他们丝毫不认为自己是在犯罪。

因为深深地意识到了自己使命的重要意义，所以他们通过搭起一座审判台开始履行自己的职责，而且，与这次行动联系在一起，群体的率直和幼稚的正义马上就会表现得一览无余。他们考虑到受到指控的人数众多，于是决定先把贵族、僧侣、官员和王室仆役一律处死，没有必要对他们做什么特别的裁决——一句话，在一个杰出的爱国者眼里，对于所有的人来说，只凭职业就可以作为他们罪行的证据。余下的人将根据他们的个人表现和名声做出判决。通过这种方式，群体幼稚的良知已得到了满足。现在能够合法地进行屠杀了，并且让那些我在其他地方进行过详尽讨论的凶残的本性可以为所欲为，将这些集体内部总是不可或缺的本能发展到一个高度。然而，正像群体通常表现的那样，这些本能并不妨碍他们表现出一些其他的以及相反的感情，比如心慈手软常常成为另一个极端。

“他们对巴黎工人有着博大的同情心和深刻的理解。在阿巴耶（Abbaye），那帮人中的一员在得知囚犯 24 小时都没喝上水后，简直想把看守处死，而且如果不是犯人们自发地苦苦哀求，他们应该已经把他处死了。当一名囚犯被（临时法庭）宣告无罪后，包括卫兵和刽子手在内的所有人都高兴地与他拥抱，疯狂地鼓掌。”随后，大规模的屠杀正式宣布开始了。在整个的过程中，欢快的情绪从未间断。他们围着尸体又唱又跳，还专门为女士安排了长凳，以享观看处死贵族之乐。这种展示一直持续着，而且还具有一种很特别的正义的色彩。

阿巴耶的一名刽子手曾经抱怨说，被安排在稍远处的女士们看得不太真切，而且在场的人中只有少数几个人能够享受痛打贵族的乐趣，监斩的法官接受了他的建议，决定让受死者在两排刽子手的中间慢慢经过，他们必须用刀背砍他以延长其受难的时间。在德·拉·福斯（de la Force）监狱，受害人被剥得精光，然后遭受“凌迟”的痛苦，这个过程持续了半个小时，直到每个人都看够了以后，最后再来上一刀，露出五脏六腑。

剑子手也会有良心上的不安，并且表现出那些我们已经指出过的存在于群体中的道德意识。他们拒绝占有受害人的钱财和珠宝，把这些东西全都摆到了委员会的会议桌上。

群体头脑中的那种低级的推理方式，可以在他们的所有行为中找到。因此，在屠杀了1200～1500名国家的敌人之后，有人提议说，那些关着年迈的乞丐、流浪汉和年轻囚犯的监狱其实是在养着一群没用的人，从这个角度说除掉他们应该更好，他的建议立刻就被采纳。当然，这些人中间也有民族的敌人，比如一位名叫德拉卢（Delarue）的妇女，一个投毒者的寡妇。“她肯定对坐牢会非常愤怒，如果她有机会的话，她会在巴黎放火。她肯定这样说过，她已经这样说过了。又是一个需要清除的。”这种证明表面上好像很有说服力，囚犯无一例外地被处死了，其中包括50名12～17岁的儿童，他们当然变成国家的敌人，因此被清除显然是正确的。

当一周工作结束的时候，所有这些行动也终于停止，刽子手们想来可以让自己休息一下了。但他们深信自己为祖国立了大功，于是前往政府请赏，最狂热的人甚至要求获得勋章。

1871 年巴黎公社的历史也提供了一些类似的事实。由于群体的势力不断强大，政府的权威在它面前节节败退，因此我们一定还会看到许多具有类似性质的其他事情。

第三章

刑事案件的陪审团

提要

刑事案件的陪审团——陪审团的一般特征——统计数据显示，他们的裁决独立于他们的人员成分——给陪审团留下印象的方法——辩护的风格与影响——说服关键人物的方法——陪审团会相应纵容或严苛的那些不同的罪行——陪审团制度的好处，以及如果其地位被治安官取代所导致的危险。

由于不可能在这里对所有类型的陪审团都进行研究，因此我只研究最重要的——也就是法国刑事法庭 (Court of Assize) 的陪审团。这些陪审团为非匿名的异质性群体提供了一个极好的例子。我们会看到他们也表现出易受暗示而且推理能力弱的特征，与此同时，他们对群众领袖的影响毫无戒备，而且他们主要是受无意识情绪的支配。在这次研究的过程中，我们将会有机会观察到一些不懂群众心理的人可能会犯下的错误的有趣事例。

首先，陪审团为我们提供了一个很好的例子，我们注意一下陪审团做出的裁决，就会发现它与群体的智力水平根本无关紧要。我们已经知道，当召集一次审议大会，要求就某个并非完全技术性的问题发表意见的时候，智力根本没什么作用。例如，一群科学家或艺术家，仅仅因为他们组成一个群体这个事实，并不能就一般性问题做出与一群泥瓦匠或杂货商非常不同的判断。在不同的时期，尤其是在1848年以前，法国政府规定对召集起来组成陪审团的人要谨慎选择，从有知识的阶层，即教授、官员、文人等中挑选陪审员。如今，大部分的陪审员招募自小商人、小资本家或雇员。然而，令专家大惑不解的是，无论陪审团的成员是什么情况，他们的裁决一直都是如出一辙。甚至那些对陪审制度充满敌视的地方治安官也不得不承认其断案的准确度。贝拉·德·格拉热（Bérard des Glajenx）先生，刑事法庭的一位前庭长，他在自己的《回忆录》里用下面一席话表达了自己对这个问题的看法：

> 选择陪审员的权力今天实际上掌握在市政务委员会委员的手里，他们根据自己政治和选举形势的需要，把人们列入名单或从名单上划掉……大多数入选陪审团的人都是从事贸易的生意人，但是这些人并不像过去那样重要，另外就是属于某个政府部门的雇员……一旦主审法官确定，他们的意见和职业便不再有多少作用。其中很多是带有初出茅庐般热忱的陪审员，以及类似被置于卑微的环境中的怀才不遇的人，但是陪审团的精神并没有改变：它的裁决依然是同样的。

对于刚刚引述的这段话，我们必须记住的是它所做出的中肯的结论，而不是那些软弱无力的解释。对这种解释我们不应该感到太过于奇怪，因为，法官通常和地方治安官一样，对群体心理学一无所知，因此他们对陪审团也是一无所知。我从与这位刚刚引述过的作者有关的事实中找到了一个关于这个说法的证据。他认为，在刑事法庭出庭的最著名的大律师之一拉肖（Lachaud）先生，运用了他的权力，去反对让聪明人出现在陪审员的名单上。然而，经验最终会让我们知道这些反对根本没用。这可以用一个事实来证明，今天的公诉人和辩护律师，至少是那些属于巴黎大律师范畴的，都已完全放弃了他们反对陪审员的权利。然而，正如德·格拉热先生所言，陪审团的裁决并没有变化，“它们既没有更好，也没有更坏”。

像所有群体一样，陪审团也会非常强烈地受到感情因素的影响，而证据的影响微乎其微。一位大律师写道：“他们无法拒绝一位母亲给孩子哺乳的景象，也无法拒绝一个孤儿的景象。”德·格拉热说：“一个女人只要露出楚楚可人的样子，就足以赢得陪审团的怜爱。”

陪审团对自己有可能成为受害者的那些罪行毫不留情——当然，这些罪行对社会也是危害最大的——但是对于一些以感情为动机而违法的案件，陪审团却非常纵容。对未婚母亲的杀婴罪很少有严厉的裁决，对把硫酸泼洒到诱骗并抛弃自己男人脸上的妇女，他们很少能强硬起来，原因在于，他们本能地感觉到这样的罪行对社会来说确实是犯罪，但是没有多大的危害性，[①]而且在一个法律不保护被抛弃的姑娘的国家里，一个为自己复仇的姑娘的犯罪好处大过伤害，因为这可以提前吓阻那些诱奸者。

像所有的群体一样，陪审团也深受威望的影响，德·格拉热庭长恰如其分地指出，陪审团在构成方面非常民主，但是他们的好恶却非常贵族化。“头衔、出身、家财万贯、威望、一位著名律师的帮助、一切具有不同寻常性质的事情，或者能给被告增光添彩的事情，都会使他占据极为有利的位置。”

一名好的律师主要关心的，应该是影响陪审团的感情，而且，正如对付一切群体一样，要辩解，但是不要太多，或者只采用原始的推理方式。一位因为在刑事法庭上所向披靡而赫赫有名的英国大律师，总结出了以下应当遵循的行为准则：

---

① 顺便提一下，有评论认为，把犯罪划分为对社会有危害和对社会无危害的两类的做法，系由陪审团很好地依据本能来做出的，根本就没有道理说它不公平。刑法的目的显然就是保护社会不受危险罪犯的伤害，而不是采取报复手段。另一方面，法国法典是指导所有法国治安官的准则，但是仍然充斥着过去原始法律的复仇精神的特征，而“vindicate”（起诉，源自拉丁语 indicta，意为报复）这个词仍然是日常的用词。这种趋势对治安官产生影响的证据可以从他们很多人对使用贝朗热（Bérenger）法的抵制中找到，这个法律允许一个遭到指控的人不用去服刑，除非他重犯罪行。然而，没有哪个治安官可以忽视一个已经由统计数据证明了的事实，对初次犯罪实施的惩戒，绝对会导致被惩戒者更大的犯罪。当法官将一名被判刑的人释放的时候，他们总是会觉得并未为社会进行报复。与其说是没有为社会报复，倒不如说他们喜欢打造一个危险的货真价实的罪犯。

> 在进行辩护的时候，他要留心观察陪审团。最有利的机会已经唾手可得。依靠自己的明察秋毫和经验，律师可以从陪审员的脸上读出他所说出的每句话的效果来，并从而得出自己的结论。他的第一步是要确认，哪些陪审员已经同意了他的理由。赢得他们确定无疑的赞同不费吹灰之力，做完这些之后，他要把注意力转向那些似乎站在对立面心怀恶意的人，并努力搞清楚他们为什么对被告这么敌视。这是他的工作中最容易出问题的一部分，因为指控一个人，除了正义感之外，可能还会有无限多的理由。

寥寥几句话就道出了辩护术的全部技巧，而且我们也知道了事先准备好的演说效果为什么会差强人意，因为根据讲话在听众心目中产生的印象的变化，随时改变所使用的措辞是必不可少的。

辩护人不必让陪审团里的每个成员都接受他的观点，而只需争取那些左右着普遍意见的灵魂人物即可。就像所有群体的情况一样，在陪审团里也存在着少数几个能对其他人起到指导作用的人。“我通过经验发现”，前面提到的那位律师说，“一两个活动能量很大的人物就足以让陪审团的其他人跟着他们走”。需要通过巧妙的暗示取得认同的就是那两三个人。首先，也是最关键的，必须要取悦他们。已经成功地博得其欢心的群体中的那个人，处在一个就要被说服的时点上，这时无论向他提出什么论据，他很可能都会毫不犹豫地接受。我从有关拉肖的一篇有趣的报道中摘录一段反映上述观点的趣闻轶事：

众所周知，拉肖在刑事法庭的审判过程中发表任何讲话的时候，绝对不会让自己的眼睛离开那两三位他知道或感到具有影响力但又很固执的陪审员。通常情况下，他都能够成功地把这些桀骜不驯的陪审员争取过来。然而，有一次在外省，他不得不面对一个陪审员，他采用了最巧妙的论证，把一个小时辩论时间中的45分钟都花在了这个人的身上，却依然没有什么效果。这个人是第七陪审员，坐在第二排椅子上的第一人。局面令人绝望。突然，在激昂的辩护过程当中，拉肖停顿了片刻，对法官说：“您是否可以下令把前面的窗帘拉起来？第七陪审员的眼睛被阳光刺到了。”那个存疑的陪审员脸上泛起了红晕，他笑了笑，并表达了他的谢意。他最终赢得了辩护的胜利。

许多作家，其中有些是最杰出的，最近启动了一场反对陪审制度的强大运动，尽管这是我们所拥有的针对过失的唯一保护，而在一个没有约束的阶层里，这种过失真的非常常见。[①]这些作家中有一部分主张陪审员只从受过教育的阶层中招募。但是我们已经证明，甚至在这种情况下，陪审团的裁决也与退回到目前的体制下所得到的裁决一致。还有些作家以陪审团犯下的错误为理由，要求废除陪审团用审判员取而代之。真是令人难以理解，这些一厢情愿的改革家怎么会忘了，被指责为陪审团所犯下的错误，首先是由法官犯下的，而且也不要忘了，当被告面对陪审团的时候，已经

① 治安官的职位事实上是其行为不受约束的唯一行政职务。尽管经过了这么多场的革命，民主的法国并没有拥有英国人非常引以为豪的人身权利。我们驱逐了所有的独裁者，但是在每座城市又设立了一名治安官，他可以随心所欲地剥夺公民的荣誉和自由。一名无足轻重的治安督察员，刚从大学毕业，就拥有巨大的权力，只需要凭借他自己的猜测，认为对方有罪，就可以随意把一个具有相当地位的人送进监狱，根本不用向任何人解释他的做法的合理性。凭借他要进行调查的借口，就可以把这些人关上半年甚至一年的时间，最后释放他们的时候，也不给他们补偿，也不进行道歉。在法国，司法许可证（warrant）就像国王敕令，要说有什么差别的话，后者——对于国王利用它的做法，人们已进行过合理的斥责——只能用于那些位居高位的人，而司法许可证则是整个公民阶层手里的一个工具，它们不只是派发给那些非常有知识的或者是非常独立的人。

被好几个地方治安官、督察官、公诉人和初审法庭认定有罪了。因而其实已经很清楚，要是对被告做出裁决的是治安官而不是陪审团成员，他将失去找回自己清白的唯一机会。陪审团的错误一直以来都首先是地方治安官的错误。因此，当出现了特别严重的司法错误的时候，首先应当受到谴责的是地方治安官，譬如最近对L医生的指控就是如此。有个愚蠢透顶的督察官根据一位半白痴的女孩的揭发，对他提出起诉。那个女孩指控医生为了30个法郎，在她身上做了一次非法的手术。若不是因为引爆了公众的愤怒，从而使最高法院院长立刻给了他自由，他一定会身陷囹圄。广大同胞给予了这个被指控的人很大的荣耀，使这一错案的恶劣之处自己昭示天下。那些地方治安官自己也承认这一点，但是出于维护其职业面子的考虑，他们极力阻挠签发赦免令。在所有类似的事情上，陪审团在遇到自己无法理解的技术细节时，很自然地会听取公诉人的意见，理由是，这些事情毕竟是由那些接受过如何解决最复杂局面训练的地方治安官进行调查的。那么，谁是错误的真正推手？是陪审团还是地方治安官呢？我们应当坚定不移地维护陪审团制度。它或许是唯一不能由任何个人来取代的群体类别。只有它能够缓解法律的严酷性，强调对所有人一视同仁的法律，从原则上说对特殊情况是视而不见的，而且一概拒之不理。冷漠无情，死守法律条文，法官出于他职业性的严苛要求，对盗窃谋杀者和因为贫困驱使以及被诱奸者抛弃而杀婴的可怜姑娘，会施以同样的刑罚。而从另一方面说，陪审团会本能地感到，与逃避了法律制裁的诱奸者相比，被诱奸的姑娘罪过要小得多，并且认为她应该得到尽可能的宽容。

由于熟知阶层心理，而且也熟知其他群体类型的心理，我没有发现在任何一个受到错误指控的情况下，我会不喜欢和陪审团打交道，而转而去找地方官。从前者那里我应该还有找回清白的机会，而让后者认可的机会却是微乎其微。群体的权力令人生畏，而有些身份团体的权力则更令人胆寒。

第四章

选民群体

提要

选民群体的一般特征——说服他们的办法——候选人应当具备的素质——威望的必要性——工人、农民为何很少从自己的阶层中挑选候选人——言辞和套话对选民的影响——竞选演说的一般内容——选民的意见是如何形成的——政治性委员会的力量——它们代表着最可怕的专制形式——大革命时期的委员会——普选权的心理学价值虽然微乎其微，但是不能被替代——为什么就算投票权仅限于某些公民阶层，但是投票的结果仍然是同样的而什么样的普选权是所有国家的共同表述。

选民群体——也就是说，有权选出某人负责某些职能的集体——属于异质性群体，但是由于他们的行为仅限于一件规定得十分明确的事情，具体说就是在不同的候选人中做出选择，因此他们只具有前面讲到过的特征中的少数几种。在群体的特征中，他们极少具有推理能力、缺乏批判精神、轻信、易怒以及头脑简单。另外，在他们的决策中也可以发现群众领袖影响的影子，以及我们列举过的那些因素——断言、重复和传染——的作用。

让我们来看一下用什么办法可以说服选民群体，从那些最成功的办法中推断他们的心理会很容易。

最为重要的是，候选人应当享有威望。能够取代个人威望的只有财富。才干甚至天才，都不是具有严格意义上的成功要素。

另一方面，极为重要的是，享有威望的候选人必须能够不容分说地让选民接受自己。为什么作为选民中绝大多数的工人或农民很少从自己的阶层中选出代表来代表自己，原因就在于这种人在他们中间没有什么威望。当他们偶然选出一个跟自己一样的人的时候，通常也是由于一些次要的原因——例如为向一个大人物或有权势的雇主泄愤（选民平常要依靠他），并且通过这种方式，选民能够产生暂时成为这些人的主人的幻觉。

然而，享有威望并不足以确保一名候选人取得成功。选民尤其在意对他的贪欲和虚荣的奉承。他必须不惜一切代价，用尽最夸张的欺骗手段，并且要毫不犹豫地向选民做出最令人异想天开的许诺。如果选民是工人，就要过分地侮辱和中伤雇主。对于竞选中的对手，必须尽一切努力，利用断言法、重复法和传染法，竭力让人确信他是个十足的无赖，他作恶多端是人尽皆知的事实，从而彻底摧毁他的机会。当然，为任何表面证据而煞费苦心是没有用处的。对手如果不熟悉群体心理学方面的知识，就会用各种论证来证明自己，而不是把自己限制在只用一套断言来应对另一套断言。如此一来，他也就没有任何获胜的机会了。

候选人写成文字的纲领不可过于绝对，因为他的对手会用它来进行反击。然而，在口头的说法中，再夸夸其谈也不为过。最重要的改革也可以毫不畏惧地承诺下来。在当时，做出这些夸张的举动能够产生巨大的效果，而且它们对未来并没有约束力，对于一个要长期进行观察的事情，选民绝对不想为此操心，他并不想知道获得自己支持的候选人在兑现选举承诺的时候走了多远，虽然当初的许诺是言之凿凿的。

在以上所说的这种事情中，我们前面讨论过的所有说服的因素都能够辨别出来。我们在由各种言辞和套话所产生的那些行动中还会再次遇到它们，它们的神奇影响力我们已经进行了佐证。一个明白如何利用这些说服手段的演说家，可以对一个群体做任何他想做的事情。像不义之财、卑鄙的剥削者、可敬的劳工、财富的社会化之类的说法，总是能够产生同样的效果，尽管从某种程度说它们已经被用烂了。但是，偶然发现了新的套话，并且尽可能让听话的人如坠五里云雾，因而能够奉迎各种极不相同的抱负，这样的候选人也必能大获全胜。西班牙1873年的那场血腥革命，就是由那些含义复杂，因而每个人都可以做出自己解释的神奇说法引起的。当时的一位作者描述了这种说法的出现，值得引用如下：

激进分子已经发现，中央集权制的共和国其实是乔装打扮的君主统治，并且为了顺应他们，议会全体一致宣告建立一个“联邦共和国”，虽然投票者谁也解释不清楚自己赞成的是什么。然而，这个说法却让所有人皆大欢喜。人们高兴到迷醉了，举国狂欢。道德和幸福的王国就要在地球上出现了。一名被对手拒绝了联邦主义者头衔的共和主义者认为自己受到了致命的侮辱。人们在大街上用这样的话互致问候：“联邦共和国万岁！”然后便对军队没有纪律这种奇怪的

> 优点和士兵自治之类的情况大唱赞歌。人们对“联邦共和国”是如何理解的呢？有些人认为它是指各省的独立，一种与美国的行政分权制相似的制度；还有些人则认为它意味着消灭一切权力，迅速开始伟大的社会变革。巴塞罗那和安达卢西亚的社会主义者赞成公社权力至上，他们建议在西班牙设立一万个独立的自治区，根据他们自己的需要制定法律，而且在建立这些自治区的同时禁止警察和军队的存在。在南部各省，叛乱很快便开始从一座城市向另一座城市、从一个村庄向另一个村庄蔓延。有个村庄直接发表了宣言，它所关心的第一件事情，就是立刻破坏了电报线和铁路，以便切断与相邻地区和马德里的一切联系。最可悲的小村庄也决定独立。联邦制给了地方自治很大的发展空间，以大屠杀、纵火以及各种暴行为标志，这片土地上到处都充斥着血腥的狂欢。

就理性对选民心理可能产生影响这个问题，倘若不想有丝毫的疑心，就不要去看关于选民集会的报道。在这种集会上，人们大言不惭、痛骂对手，有时甚至拳脚相加，但绝对不会出现辩论。即使有片刻安静的时候，也是因为有某个享有“刁钻”名声的人出现，宣称自己要用一些让听众开心的麻烦问题难倒候选人。然而反对派的满足是短命的，因为提问者的声音很快就会被对手的狂啸淹没。下面关于公共聚会的报道，是数百个来自日报中的类似的例子中的一个，完全可以作为典型的事例：

会议的组织者之一请大会选出一名主席，刹那间风云突变。无政府主义者跳上讲台，以迅雷不及掩耳之势抢占了会议桌，社会主义者积极反抗。你来我往，拳脚相加，每一派都指责对方是拿着政府工资的奸细……一个公民黑着眼眶离开了会场。

委员会终于在这种混乱中以可能是最好的形式组织起来了，而说话的权利移交给了X同志。

这位演讲人开始对社会主义者进行激烈的抨击，社会主义者则用“白痴、无赖、流氓”等叫骂声打断他的发言。X同志通过详细阐述一个理论来回击这些叫嚣，按照这个理论，社会主义者都是“白痴”或“小丑”。

昨天晚上，阿勒曼党（Allemanist Party）在福伯格宫大街的商会大厅组织了一次大会，这是五一节工人庆祝大会的预备会。这次聚会的口令是“沉着和冷静”。

G同志暗指社会主义者是“白痴”和“骗子”。

这些言辞使双方恶语相向，而演讲者和听众开始拳脚相加。椅子、桌子、板凳，全都变成武器。

千万不要把这种描述想象成只是特定的选民阶层所独有的情况，而且认为是由于他们的社会地位所导致。在不论什么样的匿名集会中，即使参与者全是受过高等教育的人，会上讨论的情形也是同样的。我已经说过，当人们聚集成一个群体的时候，总是会有一种降低他们智力水平的因素出现，而且这种情况在每次聚会中都可以找到。举个例子，下面的内容摘录自对一次完全由学生参与的会议的报道，我从1895年2月13日的《时报》（*Temps*）上借用：

夜越来越深，喧嚣声有增无减，我不相信有哪个演讲者能够说上两句完整的话而不被人打断。每时每刻都有叫喊声从这里或那里冒出来，或者同时从所有方向冒出来。掌声中夹杂着嘘声，听众中的个别成员之间的激烈争吵也在进行，棍棒在吓人地挥舞着，另外一些人不停地敲打地板，造成演说中断的人引来一片呼喊：“把他轰下去！”或者“让他讲！”

> C先生毫不吝啬白痴、懦夫、恶棍、卑鄙无耻、唯利是图、恶毒攻击之类的形容词，把它们铺天盖地地抛向联盟，他宣称要把联盟摧毁。

人们也许会问，处在这样的情形下，选民怎么能够形成意见呢？提出这样的问题，就是对一个集体能够享有的自由程度怀有一种奇怪的幻想。群体里盛行着别人强加于他们的各种意见，但是他们从来不会以合乎理性的意见而大吹大擂。在我们正在考虑的这种情况下，选民的意见和选票掌握在选举委员会的手里，这些委员会的头面人物通常都是那些酒馆老板，他们允许工人赊账，因此对他们具有很大的影响力。谢乐（Scherer）先生这位当今最勇敢的民主斗士这样写道："你知道选举委员会是什么吗？它不多也不少，正好是我们各项制度的基石，是政治机器的一件杰作，今日的法国就是由选举委员会在统治。"[①]

① 委员会无论冠以什么名称，俱乐部、辛迪加等，都包含着源自群体力量的最可怕的危险。他们在现实中代表着最客观的以及因而是最残暴的暴政。那些据认为是以群众的名义说话行事，领导着委员会的领导人，不负有任何的责任，并且处于一个只做他们选择的事情的位置。最残忍的暴君对大革命的那些委员会掌握的这种生杀大权，连做梦都不敢想。巴拉斯（Barras）宣布，他们毁灭了国民公会，随心所欲逐个枪杀它的成员。在他念出他们长长的名单的过程中，罗伯斯庇尔掌控了绝对的权力。这个恐怖的独裁者因为个人的骄傲与他们拉开了距离之后，他很快就失势了。群体的统治就是委员会的统治，也就是说，群体领袖的统治。你想象不出任何比这更严苛的专制了。

只要候选人自身能够被群体接受，并拥有足够的经济资源，对群体施加一些影响并不困难。按照捐款人的供认，300万法郎就足以保证布朗热将军（General Boulanger）再次当选。

选民群体的心理就是如此。它和其他群体完全一样：既不更好也不更坏。

因此，我从以上的论述并没有得出反对普选的结论。要是我必须得要决定它的命运的话，我会出于实用的理由维持它本来的面目，这些实用的理由是从我们对群体心理调查所得到的事实中归纳出来的。基于这个考虑，我要对它们做进一步的阐述。

毫无疑问，普选的不足之处非常显而易见。无可辩驳的是，文明是一小部分超级聪明人的作品，他们构成了一个金字塔的顶点。越往下，这个金字塔的塔身就越宽，智力水平也就等比例下降，代表的就是一个民族中的普通群众。一种文明的伟大，肯定不能够仅仅只依靠以人多势众自夸的低素质成员的选票。毋庸置疑的是，群众手里的选票往往是非常危险的。它们已经让我们付出了若干次入侵的代价，而且眼睁睁地看着群体正在为其铺设道路，异想天开的人民主权论，很有可能会让我们付出更加惨重的代价。

然而，尽管这些反对意见从理论上说无懈可击，在现实中却功力尽失，因为只要还记得思想变成教条后会产生势不可当的力量这个事实，我们就会承认这一点。从哲学观点看，群体权利至上的教条就像中世纪的宗教教条一样不堪一驳，但是如今它却拥有它们过去所享有的同样绝对的权力。因而它就像过去我们的宗教思想一样坚不可摧。想象一个现代自由思想家被神奇地送回了中世纪。你会认为，当他弄清楚了当时盛行于世的宗教思想的至高无上的权力后，会想着要对它们进行攻击吗？要是落入了一个能够把他送上火刑柱的法官之手，指控他与魔鬼有约或者参与了女巫的礼拜，有可能会出现他对魔鬼或者礼拜的存在提出质疑的情况吗？群体信念的明智程度就与用讨论来对抗飓风的明智程度差不多。今天的普选教条所拥有的力量就与过去的宗教所拥有的力量一样。演说家和作家在提到它时表现出的恭敬与媚态，比路易十四有过之而无不及。因此对待它必须采取和对待宗教教条同样的立场。只有时间能够对它产生影响。

此外，破坏这种教条的努力更是没什么效果，因为它具有一种对自己有利的公平合理的外表。托克维尔（Tocqueville）公正地指出：“在一个平等的时代，人们并不相信有关他们彼此之间全都一样的说法，但是这个比喻却使他们几乎毫无节制地信赖公众的判断力，其原因就在于，所有的人同样聪明似乎是不太可能的，真理与人数上的优势不应该携手同行。”

应该相信对选举权加以限制——如果需要的话，把这种权利限制在那些聪明的能人中间——会改善群众投票的结果吗？我一刻也不会认可情况会是这样，这也出于我已经说过的理由，就是所有集体，不管其成员如何，心智都是低劣的。在群体中，人们总是倾向于同一个智力水平，而且，在一般性问题上，40 名院士的投票不会比 40 个卖水人所投的票更高明。我根本就不相信，遭到指责的普选中的任何投票——比如重建帝国——与只从那些有知识的以及公平地受过教育的人中招募选民进行投票会有什么天壤之别的情况。因为一个人通晓希腊语或数学，因为是个建筑师、兽医、医生或大律师，他就会被赋予了解决社会问题的特殊智力，这样的说法显然并不成立。我们的政治经济学家全都受过高等教育，他们大都是教授或学者，然而，他们何曾就哪一个普遍性问题——贸易保护、双本位制等——取得过一致意见？能够找到的解释就是，他们的学识不过是我们普遍性的无知中的一种非常弱化的形式。就社会问题来说，由于它们所提出的问题中未知的数量如此庞大，实质上人们都是同样的无知。

因此，就算全部的选民都是由头脑中塞满了各种学问的人组成，他们的投票结果不会比现在投出的情况更好。他们主要受自己的感情和党派精神的引导。我们现在必须面对的困难也将一件不少地摆在我们的面前，而且我们当然还得服从于来自身份团体的残暴专制。

群众的选举权不管是受到限制的还是全面的，不管是在共和制还是君主制之下行使这种权利，也不管是在法国、比利时、德国、葡萄牙或西班牙，全都是一样的。而且，说到底，它也就是一个种族的需要和无意识间表现出来的抱负的表述。在每个国家里，那些当选者的平常的意见都代表着种族的禀赋，而我们将会看到这种禀赋从一代人到另一代人，都不会出现明显的改变。

因而，我们看到我们再一次遭遇了种族的本质概念，这种概念我们一直以来经常会碰到，而且，各种制度和政府通过由本质概念所生成的另一种概念，对一个民族的生活产生影响，但是这种影响很小。各个民族主要是受他们种族禀赋的引导，也就是说，受到了遗传下来的品质残余的引导，而禀赋就是这些品质的总称。种族和我们的日常需要携手对我们所进行的奴役，是统治着我们命运的神秘的决定性因素。

第五章 议会

提要

议会中的群体表现出非匿名的异质性群体的大部分共同特征——他们意见的简单性——他们易受暗示的特性及其局限性——他们无法改变的坚定意见和他们改变了的意见——优柔寡断的原因——领袖的作用——他们赢得威望的原因——他们是一届议会的真正主人——他们施展的绝对权力——他们的演讲术的要素——言辞和形象——没有威望的演说者的论述不可能得到认可——与会者的感情无论好的方面还是坏的方面都很夸张——国民公会的座席安排——议会失去群体特征的几种情况——当出

现技术性问题的时候专家的影响力——各国议会制度的优点和危险——满足了现代的需要，但会造成经济浪费以及对所有自由越来越大的限制——结论。

在议会中我们找到了一个非匿名的异质性群体的范例。尽管议会成员的选举方式一个时期与一个时期不同，而且一个国家与一个国家之间也有所不同，不过它们都呈现出非常类似的特征。在这种情况下，种族的影响力会使人们感觉到各个群体间的共同特征受到了削弱或者得到了强化，但这不会妨碍他们的表现。差异最大的各个国家的议会，比如希腊、意大利、葡萄牙、西班牙、法国和美国，在辩论和投票方面都表现出了很大的相似性，使各自的政府都面对着同样的困难。

然而，议会制度却代表着所有现代文明民族共同的理想。这种制度是一种思想的表达，即在某个特定的问题上，一大群人要比一小撮人更有可能做出明智而独立的决策。这种观念虽然从心理学上说是错误的，却得到了普遍的认同。

群体的一般性特征也可以在议会中遇到：头脑简单、过分敏感、易受暗示、夸大感情以及少数领袖人物的主导作用。然而，由于其特殊的构成，议会群体也有一些特有的特征，我们将对此做一简单说明。

意见的简单性是他们最重要的特征之一。在所有党派中，尤其是在与拉丁人有关的情况下，无一例外地都会遇到一种无法避免的倾向，即使用最简单抽象的原则以及适用于所有情况的普遍规律来解决最复杂的社会问题。很自然地，各党派所遵循的原则各异，但是仅仅因为个体是群体的一部分这个事实，他们便总是倾向于夸大自己原则的价值，并要把它们执行到底。其结果，议会更是成为各种极端意见的代表。

法国大革命时期的雅各宾党人为议会所特有的那种特别质朴的简单意见提供了一个最完美的例子。他们以教条和逻辑待人，头脑里满是各种模糊的尝试，他们忙于那些死板原则的执行，根本不关心事件的实际进展。曾经有人很理直气壮地说他们经历了法国大革命，但并没有见证到这场革命。在作为他们思想指南的那些非常简单的教条的帮助下，他们自以为自己能够把这个社会从上到下重新改造一遍，结果使一个高度发展的文明倒退到了社会演化发展更早期的阶段。他们为实现自己的梦想而采用的做法，与极端天真的个人有着同样的特点。实际上，他们只是把自己限定在砸烂前进道路上的东西这个范围内。另外，不管他们是吉伦特派、山岳派还是热月派，全都受着同一种精神的激励。

议会中的各种群体对暗示来者不拒，而且就像所有的群体一样，暗示都是来自享有名望的领袖。不过议会的这种暗示性，又有着很明确的界限，认识到这一点很重要。

在有关地方的或者地区性的各种问题上，议会中的每个成员都持有坚定的而且无法改变的意见，没有任何的论据能够使其动摇。对于诸如贸易保护或酿酒业的特权这类与有影响力的选民的利益攸关的问题上，即使有迪摩西尼（Demosthenes）的天赋，对改变一位众议员的投票也毫无用处。来自这些选民在投票期到来之前所做的暗示，足以压倒来自其他方面的取消建议，维持了意见的绝对稳定性。[①]

对于普通的问题——推翻一届内阁、开征一种新税等——就不再有任何固定不变的意见了，领袖的暗示就能够发挥影响，尽管与在普通群体中所用的方式有所不同。每个政党都有自己的领袖，他们的影响力有时旗鼓相当。结果是，议员就会发现自己被夹在两种截然相反的暗示之间，并且不可避免地踌躇起来。这解释了为什么经常看到他在一刻钟之内会做出截然相反的投票表态，或为一项法律增加一条使其失效的条款，例如剥夺雇主挑选和解雇工人的权利，然后又通过一份几乎废除了这一规定的修正案。

出于同样的理由，每届选举出来的国会也会有一些非常稳定的意见以及另外一些非常易变的意见。总体上说，一般性问题更多的话，国会中议而不决的情况就会成为主流——

① 下面来自一名资深英国国会议员的看法毫无疑问适用于这种说法，按照选民的需要，预先确定，以不容更改的方式提出："在我坐在威斯敏斯特的50年间，我听过了数千次的演讲，但是这些演讲没有一次改变了我们的意见，没有一次改变了我的投票决定。"

议而不决来自心里对选民挥之不去的担心，不能从他们那里及时得到建议，为此削弱了来自领袖的影响力。

不过，在那些数不胜数的辩论中，对于议员们没有强烈的先入为主看法的问题，处在主导地位的人当然还是那些领袖。

这些领袖的必要性是显而易见的，因为在每个国家的议会中都可以看到他们的存在，名义上是派别领导人。他们是一个议会真正的统治者。组成群体的个体没了主事者便什么也做不了，因此也可以说，议会中的表决通常只代表极少数人的意见。

领袖的影响力中来自他们使用的论据的只占很小的部分，很大部分是来自他们的威望。这个说法的最好证明是，一旦他们以任何理由失去了他们的威望，他们的影响力也就随之消失了。

这些政治领袖的威望是个人的，与头衔或名气无关。关于这个事实，尤利·西蒙（Jules Simon）先生在评论 1848 年国民议会——他也是其中的成员——的重要人物时，为我们提供了一些非常具体的例子：

路易·拿破仑两个月以前还威风八面，如今却完全无足轻重了。

维克多·雨果登上了讲台。他没有取得成功。人们以听菲力克斯·派厄特（Felix Pyat）讲话的方式听他讲，但是他得到的掌声并没有那么多。“我不喜欢他的那些想法，”谈到菲力克斯·派厄特，沃拉贝勒（Vaulabelle）对我说，“不过他是法国最了不起的作家之一，也是最伟大的演说家。”埃德加·基内（Edgar Quinet）尽管聪明过人，智力超群，却一点也不受人尊敬。在议会召开之前，他还有些名气，但在议会里他却默默无闻。

最能让天才的光芒自己收敛的地方，莫过于政治集会。它们只留意于那些应时应境、有利于党派服务的雄辩口才，而对于国家的服务则并不在乎。若想享有1848年的拉马丹以及1871年的梯也尔所受到的那种崇敬，需要有急迫而不可动摇的利益刺激才成。危险一过去，议会就会以同样的速度忘记它的感激和惊吓。

我引用上面这些话的目的，是着眼于其中包含的事实，而不是着眼于它所提供的解释，其中的心理学意义并不大。

群体一旦以实际行动来赞颂自己的领袖，不管是党派性质的还是报答自己的国家，他便立刻失去了自己的个性。服从一名领袖的群体是处在他的威望的影响之下，而他的服从并不受任何与利益或感激有关的态度的支配。

结果，享有足够威望的领袖几乎掌握着绝对的权力。一位著名的众议员在很多年里因其威望而发挥着巨大的影响力，是广为人知的事实，但是在上次大选中由于某些金融事件而被击败了。曾经他只需要做个手势，内阁便会被推翻。有个作家用下面一席话说明了他的影响的范围：

> 主要就是因为这位X先生，我们为东京付出了三倍于我们应该付出的代价；我们在马达加斯加的地位长期岌岌可危；我们在南尼日尔被骗走了一个帝国；我们失去了过去在埃及所占据的优势地位。X先生的谬论让我们丢失的领土，比拿破仑一世时期的灾难有过之而无不及。

对于这些有问题的领袖，我们不必过于苛责。不错，他让我们付出了非常昂贵的代价，然而他大部分的影响力就是因为他紧跟公众意见这个事实，而在殖民地事务上，公众意见远远赶不上它变化的脚步。领袖很少超前于民意，他所做的一切几乎总是在跟随民意，而且支持其中的所有错误。

我们这里所讨论的领袖人物对群众的说服，除了他们自己的威望之外，还包括一些我们多次列举过的因素。领袖若想巧妙地利用好这些手段，他必须做到，至少要以无意识的方式，对群体的心理了然于心，而且还必须知道如何称呼他们。他尤其应当意识到各种词汇、短语和形象的神奇影响力。他应当具备一种特别的口才，包括有力的断言——卸去各种证明的重负——和生动的形象，伴之以非常提纲挈领的论证。这种辩才在所有的集会中都可以碰到，英国的议会也不例外，虽然它是所有议会中最严谨的一家。

英国哲学家梅因（Maine）说：

> 下院的争吵中永远都能够看到，辩论的整个过程都是一些很软弱的陈词滥调与很猛烈的人身攻击相互间的你来我往。这种类型的常规套话会对纯粹民主的向往产生十分惊人的影响。让一群人接受用惊人之语表达出来的一般性的断言，从来就不是什么难事，尽管他们从来就没有得到过验证，而且大概也经受不起验证。

在上面的引文中，“惊人之语”的重要意义再怎么强调也不会过分。我们在很多情况下都谈到言辞和套话的特殊力量。在措辞的选择方式上，必须以能够唤起生动的形象为标准。下面这段话摘自我们议会中一位领袖的演说，它为我们提供了一个极好的范例：

> 当同一艘船把声名狼藉的政治家和犯下谋杀罪的无政府主义者载向瘟疫流行的流放定居点的时候，这对难兄难弟可以相互交流一下，而且他们彼此间就像同一个事物、同一种社会状态中互补的两面。

这样唤起的形象非常生动，而且演说者的所有对手都会觉得自己受到了它的威胁。他们的脑海里交叠浮现出两幅画面，一片瘟疫流行的大地以及一艘可能把他们送走的船。因为他们不是也有可能被归入到不受欢迎声名狼藉的政客类别中吗？他们体验到了这种深深的恐惧，与当年罗伯斯庇尔用断头台相威胁的语焉不详的演说给国民公会中的人造成的感觉是一样的，而且，在这种恐惧的影响下，他们总是屈服于他的淫威。

满口不离那些最离谱的大话，总是符合领袖们的利益。我刚才引用过他的话的那位演说家能够断言而又不招致强烈的抗议，认为金融家和僧侣资助了扔炸弹的人，因而认为那些大金融公司的董事也应受到和无政府主义者一样的惩罚。这种类型的断言总是能够对群众产生效果。断言说得如何离谱、宣言讲得如何严重，全都不会让人觉得过分。要想唬住听众，再没有比这种辩术更好的办法了。在场的人会担心，如果他们表示反对，他们也会被当作叛徒或其同伙打翻在地。

正如我所说过的，这种辩术的特殊类型在所有的集会中都一直具有极好的效果。危难时刻它的作用就更加突出了。从这个角度看，法国大革命时期各种集会上的那些大演说家的讲话，读起来都十分有趣。他们时时刻刻都认为自己应该停顿一下，以便谴责罪恶弘扬美德，然后他们对暴君破口大骂，并且发誓不自由毋宁死。在场的人都会站起身来，热烈鼓掌，然后，平静下来，再回到自己的座位上。

有时候，领袖也可能是高智商而且受过高等教育的人，但是，具备这些品质通常对他来说是弊大于利。通过说明事情有多么复杂，同意做出解释和增进理解，智力就会使他的主人变得宽容，在很大程度上削弱那些使徒们需要具备的信念的强烈和狂热。所有时代的伟大的民众领袖，尤其是法国大革命时期的那一批，智力之狭隘令人瞠目，然而，千真万确的一点是，发挥影响力最大的，就是那些智力最偏狭的人。

他们中最著名的演说，即罗伯斯庇尔的演说，经常以它们的自相矛盾而令人吃惊。只看这些演说实在找不出合理的解释，为什么这个大权在握的独裁者能够有如此大的影响力：

> 课堂一样的老生常谈和连篇废话，连满足平庸者都够不上，只能说是用来糊弄孩子的拉丁文化，把攻击和辩护的手法局限在顽皮男生的那种挑衅态度上。没有思想，没有措辞上令人愉快的变化，也没有讲出一句广为流传的经典，有的只是令人生厌的如狂风暴雨般的申明。经历过一次这种令人高兴不起来的阅读之后，人们不免会与好脾气的卡米勒·德穆兰（Camille Desmoulins）一起，长叹一声：“唉！”

想到与极端狭隘的头脑结合在一起的强烈信念给予了一个有威望的人什么样的权力，时常会让人觉得心惊肉跳。一个人要想无视各种障碍，表现出极高的意志力，就必须满足这些最起码的条件。群体本能地在精力旺盛而且信仰坚定的人中间寻找自己的主人，对于他们来说，主人是一刻也不能少的。

在议会会议上，演说的成功几乎完全依靠演说者所具有的威望，而根本不取决于他提出的那些论据。这方面最好的证明是，如果一个演说者因为这样或那样的原因失去威望，他同时也就失去了一切影响，也就是他失去了以自己的意志影响表决的能力。

当一个没有名气的演说者拿着一篇论据充分的讲稿出场时，如果只是论据，他充其量也只能让人听听而已。一位心理学造诣很深的众议员德索布（Desaubes）先生，最近用下面这段话描绘了一个没有威望的众议员：

> 当他站到了讲台上的时候，他从公文包里拿出了一份文件，有条不紊地展开在自己面前，很有把握地开始发言。
>
> 他自鸣得意地以为，他能够把那些使他本人感到振奋的信念根植于听众的心里。他曾经对自己的论据进行了权衡再权衡，他提前对那些数字和证据做了精心的准备，他坚信自己能够说服这些听众。在他所引用的证据面前，任何的抵制都是徒劳。他开始了，对他提出的理由的合理性信心满满，而且相信自己的同事会关注，他们唯一做的自然是赞同真理。

他讲着，而且马上就惊奇地发现下议院里的嘈杂，人们发出的噪音让他有些不高兴。

怎么不能保持安静呢？为什么大家都这么漫不经心呢？那些忙于相互交谈的众议员在想些什么？是什么要紧的原因让这个或那个众议员离开了自己的座位？

他的脸上出现了不安的神情，他皱着眉头停了下来。在议长的鼓励下，他又开始发言，提高了声音。听他发言的人微乎其微。他加重语气，做出各种手势。他周围的噪声越来越大。他连自己的话都听不见了，于是又停了下来，最后，因为担心自己的沉默会招来可怕的叫喊："结束！"他又开始讲起来。喧闹声变得令人难以忍受。

当议会会议到达了某种兴奋点的时候，它会变得和普通的异质性群体一样，这时他们的感情就会相应地表现出总爱走极端的特质。他们会被看到做出最伟大的英雄主义举动，或是犯下最严重的过失。个体不再是他自己，所以情况可能完全就是，他投票赞成对他本人的利益最不利的做法。

法国大革命的历史说明了议会能够在多大程度上丧失自

我意识，并且服从那些与他们的利益截然对立的建议。对于贵族来说，放弃自己的特权是个巨大的牺牲，然而，在国民公会期间那个著名的夜晚，他们毫不犹豫地这样做了。议会成员放弃了自己不可侵犯的权利，便使自己永远处在死亡的威胁之下，而他们却迈出了这一步。他们并不害怕在自己的阶层中滥杀无辜，虽然他们十分清楚，今天他们把自己的同伙送上断头台，明天这可能就是他们自己的命运。实际上，他们已经进入了我曾在其他地方描述过的那种完全不由自主的状态，任何想法都无法阻止他们赞成那些已经把他们催眠了的建议。下面的话摘自他们中间的一个名叫比劳·凡尔纳（Billaud Varennes）的人的回忆录，就是这种情况的绝对典型："我们一直在极力谴责的那些决策，"他说，"两天前我们还不想做出决定，但是一天前就做出了：催生它们的是危机，而不是任何其他原因。"再也没有比这更准确的说法了。

在国民公会所有的情绪激昂的会议期间，这种同样的无意识现象屡见不鲜。泰纳说：

> 他们批准并颁布了一些措施，他们用这些措施——这些措施不只是愚蠢和笨拙，而且简直就是犯罪——维持恐怖统治，谋害无辜的人，谋害

> 他们的朋友。在右派的支持下，左派全体一致同意，而且在热烈的掌声中把丹东这位他们的天然首领、这场革命的伟大推动者和领导人，送上了断头台。在左派的支持下，右派全体一致同意，而且在最响亮的掌声中表决通过了革命政府最恶劣的法令。全体一致同意，而且在一片崇拜和热情的叫喊声中，在对克洛特·德布瓦（Collot d’Herbois）、库东（Couthon）和罗伯斯庇尔等人热烈的赞扬中，通过自发的而且反复的改选，国民公会把杀人成性的政府留在台上，平民派憎恶它，是因为它杀人如麻，山岳派憎恶它，是因为它草菅人命。平民派和山岳派，多数派和少数派，最后都落了个同意为他们自身的相互杀戮出力的下场。牧月 22 日，整个国民公会把自己交给了刽子手；热月 8 日，在罗伯斯庇尔发言后的一刻钟内，同样的事情又做了一次。

这幅画面看起来很阴沉。然而，它的描述是精确的。议会的会议若是足够兴奋而且头脑发昏到一定的程度，就会表现出同样的特征。它会变成不稳定的群体，服从于每一次冲动。下面这段有关 1848 年议会的描述，来自斯布勒尔

（Spuller）先生，他是一位对民主有着不容置疑的信仰的议员。我是从《文学评论》（*Revue littéraire*）上把它摘录下来的，而且堪称经典。它为我曾经描述为群体特征的所有夸张感情，以及极端的多变性——使它一刻不停地从一种感情转向另一种截然相反的感情——提供了一个例子。

> 把共和派带向毁灭的是自己的分裂、嫉妒和猜疑，也因为它的盲目信任和无节制的欲望。它的质朴和率真正好被它的普遍怀疑抵消。毫无法律意识、不知纪律为何物，加上无边无际的恐怖和幻想，在这些方面，农民和孩子也能够达到他们同样的水平。他们的冷静和他们的缺乏耐心相当，他们的残暴与驯服不相上下。这种状态是性格还没有形成而且缺乏教育的自然结果。没有什么事情能让这种人吃惊，但任何事情都会让他们惊慌失措。他们恐惧地颤抖或表现出大无畏的英雄气概，既能赴汤蹈火，也会被影子吓跑。
>
> 他们无视因果，不在乎事件之间的关系。他们马上会灰心丧气，马上又会扬扬得意，他们会出现各种惊慌情绪，他们总是要么过于紧张要么过于沮

丧，但是从来不会处在环境所要求的心境或状态中。比流水还易变，他们会反映出每一条波纹，呈现出每一种形状。能指望他们为一个政府提供出什么样的基础？

幸运的是，所有这些刚刚说到会在议会中看到的特征，也绝对不会经常不断地出现。这种议会只是在某些时刻才会成为一个群体。在大多数情况下，组成议会的个人仍保持着自己的个性，这就解释了议会为什么能够制定出十分出色的专业性的法律。确实，这些法律的作者都是专家，他们是在自己安静的书房里起草这些法律的，而且，实际上，表决通过的法律，是个人的而不是集体的产物。这些法律自然就是最好的。只有当一系列修正案把它们变成集体努力的产物时，它们才有可能产生灾难性的后果。群体的成果不管其性质如何，与孤立的个体的成果相比，总是低劣的。能够确保议会不会通过一些不明智的或者行不通的政策的只能是专家。在这种情况下，专家是群体暂时的领袖。议会影响不到他，他却可以影响到议会。

议会的运作尽管面对如此众多的困难，但是它仍然是人类迄今为止发现的最好的政府组织形式，尤其是它已经找到了人类摆脱个人专制束缚的最佳方式。不管是对于哲学家、思想家、作家、艺术家还是有教养的人——一句话，对于所有构成一种文明的精华的那些人，至少，可以肯定议会是理想的统治方式。

另外，在现实中它们也只表现出两种严重的危险：一是不可避免的财政浪费，二是对个人自由的限制不断提高。

第一种危险是各种紧急状况和当选群体缺乏远见的必然产物。如果有个议员提出一项显然符合民主理念的政策，他提出了一份议案，譬如确保所有的工人能得到老年津贴，而且为所有级别的国家雇员加薪，其他因为害怕自己的选民而成为暗示的牺牲品的众议员，尽管清楚这是在为预算增加新的负担，从而必然造成新税种的设立，但是也不敢无视选民的利益而否决这项拟议中的政策。他们不可能在投票时迟疑不决。增加开支的后果还很遥远，不会给他们个人带来不利的后果，而投反对票的后果则在他们再次参选而露面的时候就会清楚地展现出来。

在这个扩大开支的第一个原因之外，还有另一个强制性丝毫不亚于此的原因——把票全部投给当地补贴的必要性。一名众议员不可能反对这种做法，因为它们再次代表着选民的迫切需要，也因为每个众议员本人只有在答应自己同僚类似要求的条件下，才能够为自己的选区争取到他想要的。[①]

上面提到的危险中的第二个——议会对自由不可避免的限制——表面看起来不那么明显，但却是非常真实存在的。这是数不胜数的法律——总是具有一种限制性的行为——造成的结果，对于这些法律，议会认为自己必须表决通过，但是由于眼光短浅，他们在很大程度上对所产生的结果视而不见。

这种危险肯定是最无法避免的，因为即使在英国这个提供了最受欢迎的议会体制类型的国家，也没有逃脱这种危险，在英国的这个模式里，议员对其选民保持了最大的独立

① 在《经济学家》（*Economiste*）1895 年 4 月 6 日这一期中公布了对这些数据的一次奇怪的评估，只可能由选举因素造成的支出才能够达到，而且显然就是在铁路上面的支出。为了把兰迦叶（Langayes）（一座有 3000 个居民的小镇，位于一座大山里面）与普耶（Puy）连接起来，投票通过了修建一条耗资 1500 万法郎的铁路的计划。700 万花在把布蒙特（Beaumont）（3500 个居民）与卡斯特尔 - 萨拉辛（Castel-Sarrazin）连接；700 万花在把欧斯特（Oust）（一个 523 个居民的村子）与赛克斯（Seix）（1200 个居民）相连；600 万花在把普拉德（Prade）与奥勒特（Olette）的村子（747 个居民）相连，等等。1895 年一年，9000 万法郎被批准用在当地的铁路支线上面。选举活动方面也还有别的一些同样重要的必需开支项目。按照财政部的说法，起草法律的工作人员的补贴很快将涉及了每年至少 1.65 亿法郎的支出，而按照院士勒罗伊 - 布留（Leroy-Beaulieu）先生的说法，则是 8 亿法郎。显而易见，支出的这种持续不断的增长最终只会在破产中结束。很多欧洲国家——葡萄牙、希腊、西班牙、土耳其——都已经处于了这个阶段，而其他国家，比如意大利，很快也将陷入同样的极端状况之中。不过，对于这种状况，没有必要过于大惊小怪，因为这些国家的公众已经成功地同意忍受把他们的福利支付减少五分之四。在这些奇妙的条件下破产使平衡预算的困难能够很快恢复到均衡状态。另外，接踵而至的战争、社会主义以及经济纷争在我们在这个四分五裂的世界奋力前行的时候给我们带来了大量的其他灾难，我们必须在放弃靠手生活，转而靠嘴生活的过程中不要太过于关心一个我们无法掌控的未来。

性。赫伯特·斯宾塞（Herbert Spencer）在一本很久以前的著作中就曾指出，表面自由的增加必然伴随着真正自由的减少。他在最近的《个人与国家》（*The Individual versethe State*）一书中又谈到了这个问题。在讨论英国议会时，他表达了自己的观点：

> 自从这个时期以来，立法就一直遵循着我之前就指出的路线。迅速膨胀的独裁政策不断地倾向于限制个人的自由，这表现在两个方面。每年都有大量的法规被制定出来，对一些过去公民行为完全自由的事务进行限制，强迫他做一些过去他可以按照自己的意愿选择做还是不做的事情。同时，日益沉重的公共负担，尤其是地方公共负担，通过减少他可以自由支配的收益份额，增加公共权力从他那里拿走并按照自己喜好花销的份额，进一步限制了他的自由。

这种对个人自由日益增加的限制，在每个国家都以斯宾塞没有指出的各种特殊的形式表现着自己；正是这些数不胜数的各成系列的立法措施——总体上说全是些限制性法令——的通过，必然会大大增加负责实施它们的公职人员的数量、权力和影响力。通过这种方式，这些公职人员有成为文明国家名副其实的主人的倾向。他们的权力越来越大，是因为在政府不断更换的过程中，只有行政阶层不会受到这种不断变化的触动，只有他们不用承担责任，事不关己，而且永远不变。没有比在这三种形式下表现出来的更加像压迫性专制主义的了。

这种限制性法规层出不穷的情况，以最复杂的形式把最细微的生活行为层层地包裹起来，不可避免地把公民能够自由活动的空间限制在一个越来越小的范围之内。有一种幻觉认为，通过法律的大量增加能够更好地保障自由与平等，作为这种幻觉的牺牲者，各民族每天都在同意忍受越来越不堪重负的束缚。他们不接受没有惩戒的法律。习惯于逆来顺受，他们很快便会期望别人的奴役，并且失去所有的自主与活力。这样的话，他们就只不过是些虚幻的影子，以及消极、顺从、有气无力的行尸走肉。

到了这个时候，个人注定要去外面寻求那种在他自己身上已经找不到的力量。政府的职能必然与公民的麻木和无助同比例增长。它们就必须得表现出那些个人正在丧失的主动性、进取精神和指导精神。重任就落到了它们的身上，要承担一切、领导一切，并且把一切都纳入自己的保护之下。国家变成一个无所不能的神。然而，经验告诉我们，这种神的力量既难以持久，也不十分强大。

在某些民族中，这种对所有自由的限制越来越严重，尽管有各种让它们幻想以为自己还拥有这些自由的表面上的许可。它们的日渐衰老对造成这种情况至少和某种具体的制度起到了同等的作用。它形成迄今为止任何文明都无法逃脱的衰落期的先兆之一。

根据历史的教训以及各方面都触目惊心的那些征兆判断，我们现代文明中有几个已经到达了衰败期之前的极度老年时代。所有的民族似乎都不可避免地要经历同样的存在阶段，因为历史看起来在不断地重复它的进程。

对于文明演化的这些共同阶段，很容易做一个简单的说明，我将对它们做个概括，作为本书的结尾。这种速记式的说明，或许能够对目前权力被群众所掌握的原因提供一些线索。

如果我们沿着之前文明的伟大和衰落的根源这条主线理一理，我们会发现什么呢？

在文明的曙光初现的时候，一群来源不同的人，因为移民、入侵或占领等原因聚集在一起。他们血缘不同，语言和信仰也不同，唯一把这些人结为一个整体的共同纽带，是还没有得到某个头领完全认同的法律。在这些混乱的人群中，群体的心理学特征表现出了令人尊敬的高度。他们有群体间的短暂的团结，表现出了他们的英雄主义、表现出了他们的弱点、表现出了他们的冲动以及他们的暴力。没有什么东西能够把他们牢固地联系在一起。他们是野蛮人。

漫长的岁月成就了自己的作品。同样的环境、种族间反复不断的融合、共同的生活需要发挥了它们的影响力。不同的小群体之间开始融合成一个整体，形成一个种族；也就是一个有着共同的特征和感情的群体，这些特征和感情在遗传的作用下日益稳固。这群人变成一个民族，而且这个民族具备了摆脱它的野蛮状态的能力。然而，只有在经过长期的努力、进行了不断地重复的必要斗争以及数不胜数的从头再来，从而使它获得了某种理想之后，它才能够形成一个完整的民族。这个理想的性质并不十分重要；无论是罗马的崇拜、雅典的强盛还是安拉的胜利，都足以让一个种族中的每个人在感情和思想上形成完美的团结。

在这个阶段，一种包含着各种制度、信念和艺术的新文明可能就诞生了。这个种族在追求自己理想的过程中，会相继得到给它带来荣耀、力量以及辉煌必不可少的素质。毫无疑问，很多时候它仍然只是一个群体，但是，从此以后，在它变幻不定的群体特征的背后，会出现一个稳定的基础，即一个种族的禀赋，它把一个民族的变化限制在狭小的范围内，并排除了偶然性的影响。

时间在做完其创造性工作之后，便开始了破坏性的工作，不管是神仙还是人类，都无法逃避它的影响。一个文明在达到一定程度的强盛和成熟之后，便会止步不前，而一旦止步不前，它注定会进入到快速衰落之中。它的老年时光便降临了。

这个不可避免的时刻总是以作为种族支柱的理想的衰弱为标志。与这种理想的衰弱遥相呼应，在它的激励下建立起来的宗教、政治和社会结构也开始动摇。

随着这个种族的理想不断消亡，它也越来越多地失去了那些带给它团结、统一和强盛的品质。个人的个性和智力可能增长，但是与此同时，这个种族集体的自我意识却会被过度发展的个人自我意识所取代，同时还伴有性格的弱化和行动能力的减少。那些组成一个民族、一个联合体、一个整体的东西，最终变成为一群缺乏凝聚力的乌合之众，并且在一定的时间里，通过传统和制度而被人为地聚集在一起。正是在这个阶段，被个人利益和愿望分割开来，而且不再具备自我管理能力的人，要求在他们最微不足道的事情上得到指导，于是国家便开始发挥一种非常重要的影响。

随着过去的理想出现了决定性的丧失，这个种族的禀赋也完全消失了；它仅仅是一群孤立的个人，并且回到了自己原始的状态——一群乌合之众。它既缺乏连续性也没有未来，只有群体的那些临时的特性。它的文明现在已经失去了稳定性，只能听天由命。民众就是最高的权力，而野蛮之风盛行。文明仍然好像是灿烂的，因为它还拥有作为久远历史作品的文明的外壳，但其实它已成了一座摇摇欲坠的大厦，没有任何的支撑，只要第一波风暴吹过来，它必倒无疑。

在对理想的追求中，经过了从野蛮状态发展到文明状态的这一过程，然后，当这种理想失去了它的美好的时候，开始衰落和死亡，这就是一个民族的生命周期。